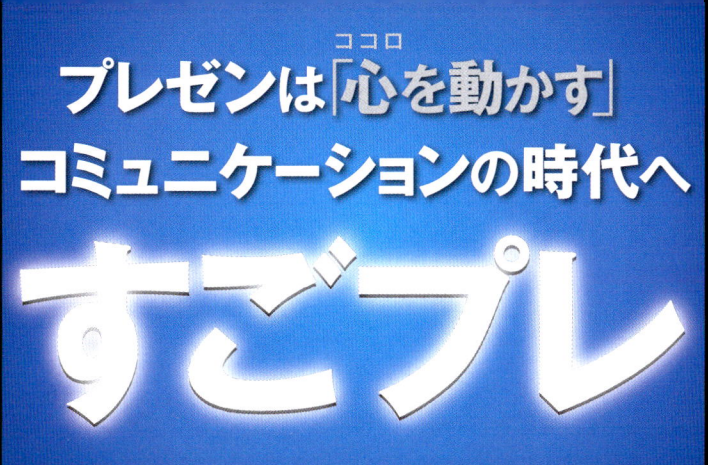

プレゼンは「心(ココロ)を動かす」
コミュニケーションの時代へ

すごプレ

河合浩之

青志社

ココロを動かすコミュニケーションは「すごプレから」

〈プレゼンターについて〉

河合浩之(かわい・ひろゆき)。立命館大学経済学部卒業。株式会社シー・レップにて2008年より、プレゼンテーションスライド制作サービス『プレゼンテイメント®』の事業プロデュースを手がける。

プレゼンテイメント®は、PowerPointの"清書代行"ではなく、"もっと伝わるプレゼンテーション"をコンセプトにプレゼンテーション全体を創り上げていくサービス。「PowerPointスライドのアウトソーシング」という、国内ではほとんど認知されていない事業ながら、大手企業を中心に多数の引き合いを受ける。

デザイン制作会社でのコピーライター経験と、広告代理店におけるプランナー経験を融合。表現プランニングと販促プランニングを横断する知識に加え、広告的な発想とデザイン技術によって、独自のプレゼンテーションデザインを構築。"PowerPoint for Windows"をクリエイティブツールとして駆使しながら、見たこともないPowerPointスライドを発信し続ける。
※本書付録のPowerPointファイルはすべて河合氏が制作

Microsoft MVP for PowerPoint を 2011年から連続受賞。

Microsoft Office PowerPoint® 2007試験に1,000点満点で合格。

 Microsoft Office Powerpoint 2007 Certified

- ブログ『パワポ部』　http://ameblo.jp/powerpointer/
- Twitter　http://twitter.com/hiroyukikawai
- Facebook　http://www.facebook.com/hiroyuki.kawai1
- YouTube チャンネル　https://www.youtube.com/hiro513k/

もし、あなたが日頃、
「紙の企画書でプレゼンしている」
のなら、ぜひとも
「スライドプレゼン」
に切り替えることをお奨めします。
プレゼンに"効果"を求めるのであれば
なおさら。

はじめに

この本は、巷にあまたとある「プレゼン指南書」の一つです。
同じような内容の本ならばあらためて出版する必要もないわけですから、
もちろん本書ならではの特徴があります。

「あ、すごい」と思われるプレゼン。

そこを目指します。
が、提案内容自体で「すごい」と思わせるわけではありません。
提案で驚かせたいのなら、アイデアや企画について書かれた本をお読みください。
「紙の企画書」をつくりたい方も、世にあふれる他の企画書本をお選びください。
では、「すごいトークスキルが身につくのか?」と問われれば、首を横に振らざるを得
ません。
むしろ本書は、口べたやあがり症でプレゼンが苦手、という方のお役に立つでしょう。
そして逆に、「すでにトークスキルはばっちり!」という方に対しては、
せっかくのトークを台無しにしないためのスライドプレゼンに貢献できるかと思います。

おっと、ヒントが出ましたね。そう、本書は「スライドプレゼン」に特化した本です。スライドプレゼン。プロジェクターや大型ディスプレイ、ノートPCを使用したプレゼンです。
ではいったい、スライドプレゼンでなにが「すごい」と思われるのか？

それは、「見た目」です。

ええ、そうです、中身ではなく、見た目。
本書は、「スライドプレゼンの見た目をすごいと思わせる」ための本です。
「見た目よりも中身が大切だ！」なんて声も聞こえてきます。
が、"伝える"という行為において、見た目は中身と同じくらい重要になります。
そもそも、しっかりと見てもらえるプレゼンでなければ、良い提案も通るに通らないでしょう。
そう、見た目も立派な中身なのです。
プレゼンを印象的に演出することで、見る人の集中や好意を喚起し、伝わる力をアップする。
さまざまな演出を盛り込めるスライドプレゼンなら、それが可能です。

今週末のプレゼンに向けて、
PowerPointのスライドをつくっているあなた。
いまからでも遅くはありません。
次にご紹介する2つのテクニックを取り入れてみてください。
プレゼンの本番では、聴き手の体を10〜15度ほど
前傾させることができるでしょう。

① 横へ横へと移動する（→P82）
② ルパン三世風メッセージ（→P86）

本書では、実際のPowerPointデータを題材に、表現テクニックを学んでいただけます。
PowerPointデータをあなたのスライドにそのまま活用することもできます。
また、PowerPointだけでなく、iPadやiPhoneを用いたプレゼンも解説していきます。
プレゼンをもっと自由に、もっと気軽に、そして、もっと効果的に──
さあ、スライドプレゼンを楽しみましょう！

目次

はじめに ……………………………………………… P1

第1章 ようこそ、スライドプレゼンの世界へ

01 これまでのプレゼン、まだ続けますか？ …………… P12
02 プレゼンは"イベント"である ………………………… P13
03 伝わるプレゼンの3要素 ……………………………… P14
04 スライドプレゼンのススメ …………………………… P16
05 スライドプレゼンでできる3つのこと ……………… P18
06 スライドプレゼンの活用フィールド ………………… P21
07 PowerPointの功罪 …………………………………… P25
08 本当はすごいPowerPoint …………………………… P27
09 PowerPointクリエイティブを導入しよう ………… P29
10 あらゆる表現を楽しむこと …………………………… P31

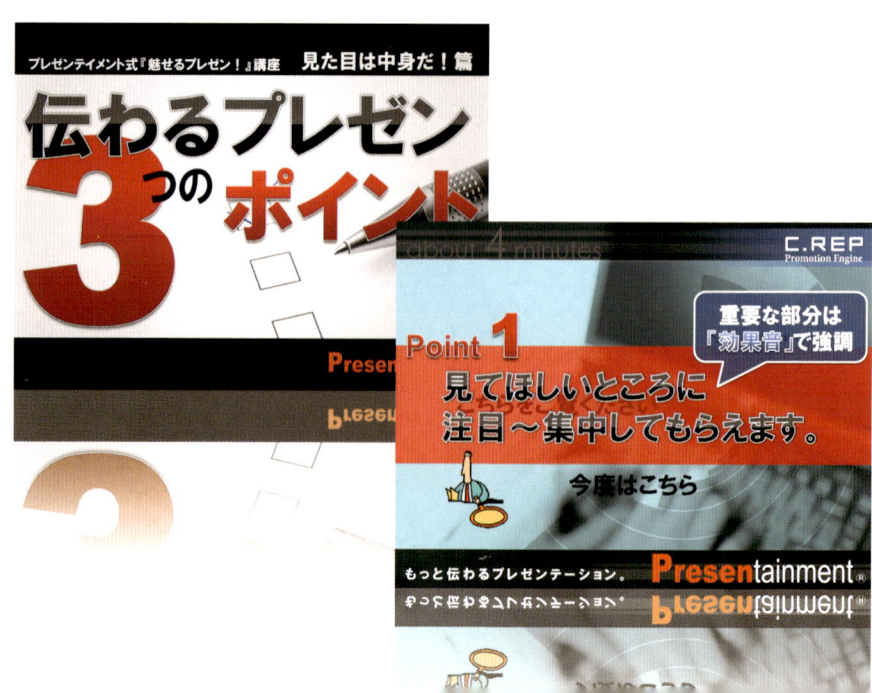

第2章 サンプルで学ぶスライドプレゼン

PowerPointデータのダウンロードおよび
　　　　　　　　　　　ご利用方法について …… P34

01 人を集める自動プレゼン …… P35

【サンプル①】展示会の集客用スライド

　スタンバイ〜オープニング …… P36

　タイトル〜主題の提示 …… P37

　主題の展開 …… P38

　聴き手へのリクエスト …… P45

02 人と対話する手動プレゼン …… P46

【サンプル②】営業ツールとしてのサービス案内スライド

　スタンバイ〜オープニング〜タイトル …… P47

　主題の提示 …… P48

　主題の展開 …… P49

　聴き手へのリクエスト …… P53

03 スライドプレゼン構成法 …… P54

04 会社プレゼン …… P57

【サンプル③】「会社プレゼン」スライド

　スタンバイ〜業務内容〜差別化ポイント …… P59

　提供メリット …… P60

　事例紹介〜リクエスト …… P61

05 会社プレゼンのつくりかた …… P62

第3章 PowerPoint スライド制作テクニック

PowerPoint スライド制作テクニックについて ── P66
Index ── P67

[Basic]
01 PowerPoint のチューンアップ ── P68
02 真っ白からはじめよう ── P73
03 魔法のガイドライン ── P74
04 アニメーション設定のポイント ── P76
05 使えるアニメーション効果 ── P78
06 画面切り替え効果を活用する ── P80

[Impact]
07 横へ横へと移動する ── P82
08 スピードを調整する ── P84
09 ズーム(アウト)の威力を高める ── P85
10 ルパン三世風メッセージ ── P86
11 タイトルを目立たせる ── P88
12 「なんとなくいい感じ」に見せる ── P91
13 サブリミナル効果 ── P92
14 慣性の法則効果 ── P94
15 文字の透過 ── P95
16 カーテン開閉 ── P96

17 キラリと光る — P97
18 線を描く — P98
19 奥行きをつくる — P100
20 カウントダウン — P102

[Interactive]

21 もんたメソッド — P104
22 クリックで拡大 — P106
23 ウェブ風ハイパーリンク — P108
24 その場で時間設定 — P112
25 プレゼン演出ショートカット — P114
26 ゾンビアニメーション — P116
27 Twitter を表示する — P118
はみだしコラム① あなたの知らない PowerPoint — P119

[Unique]

28 サーチライト効果 — P120
29 キネティックタイポグラフィ風 — P122
30 高速プレゼン — P126
　【点取占いのつくりかた】 — P128
31 PowerPoint 文学 — P129
32 錯視 — P130
はみだしコラム② 人とスライドが一体化！ — P131

[Material]

33 「イメージ」の探し方 ……… P132
34 「音」の使い方 ……… P136
35 「映像」の使い方 ……… P140
36 「GIFアニメ」のつくり方 ……… P143

スライド制作テクニック【番外篇】

「配付資料＝スライド」のプレゼン ……… P146
【参考】スライドプレゼンの効果 ……… P149
はみだしコラム③ 意外とおちゃめなMS。……… P150

第4章 これからのプレゼン

01 身近になったプレゼン ……… P152
02 iPadでプレゼン ……… P154
　　◆ iPadのビジネス活用 ……… P154
　　◆ iPadでできるプレゼン ……… P156
　　Keynote for iPad ……… P157
　　PowerPoint to Keynote ……… P160
　　PDF ……… P168
　　iPad＋PDFで「キネティックプレゼン」に挑戦！ ……… P172
　　写真／映像 ……… P175
　　◆ iPhone／iPod touchでプレゼン ……… P179
03 これからのプレゼン ……… P181
参考ウェブサイト ……… P184
参考文献 ……… P186
あとがき ……… P187

第1章

ようこそ、スライドプレゼンの世界へ

01 これまでのプレゼン、まだ続けますか？

　本書をお読みの方、とりわけビジネスパーソンは、きっと"紙の企画書"でプレゼンテーション（以下、プレゼン）をしたことがおありでしょう。では、紙のプレゼンで、こんな経験はありませんか？

説明しているページとは別のページを相手がぱらぱらと眺めている

　相手が3〜4名以上の場合は、説明を聞いていない人が確実にいます。プレゼン開始早々すでに"オチ"のページが覗かれていたり、始終見積もりページだけを眺めている人がいたり。企画書は手渡した瞬間からコントロール不能となり、計画的に組み立てた提案の流れはことごとく崩れます。企画書は「配付資料」として、もはや相手の所有物となり、勝手気ままに扱われるのです。かと言って、プレゼン後に相手が企画書をちゃんと読んでくれる、などという保証はありません。

　これは逆の立場で考えればさらに明らかです。あなた自身が企画書によるプレゼンを受けたときのことを思い出してください。こんな気持ちに心当たりはありませんか？

（この企画書、文字や小さな図がぎっしりで見にくいなあ）
（あれ？ いまどこの説明なんだろ？ ……まあ、いいか）
（こんなにたくさんのこと、一度に説明されてもなあ……）

　もっとも最悪なのは、紙の企画書と同じものをプロジェクターで投影したプレゼン。おそらく文字が小さくてほとんど読めないでしょう。プレゼンターは「書いている＝伝わっている」と思っていますが、聴き手は「見えない／読めない＝まったく伝わらない」という状態になっています。なにも伝わらないプレゼン。話し手にとっても聴き手にとっても、これほど無駄な時間はありません。

　しかし現実には、このようなプレゼンが昨日も今日も繰り返されています。「こんなプレゼンではダメだ」と心の奥や頭の片隅では思っているものの、結局明日も同じようなプレゼンをしてしまう。いつものように"あんな内容"の企画書をつくり、"あんな流れ"のプレゼンをしてしまうのです。

　なぜか？ その主な理由は2つ。

① 企画書の作成自体が「目的」になっている
② 既存のプレゼンイメージに囚われている

　さて、この固く根付いた悪しき慣習を打破し、だれもが願う「すばらしいプレゼンの世界」を実現するには、いったいどうすればよいのでしょうか？

02 プレゼンは"イベント"である

　企画書をつくっているときに陥ってしまう感覚。それは、
言いたいことはすべて盛り込まねば！
という強迫観念です。この「すべてを企画書で語ろうとする気持ち」が、企画書をごちゃごちゃとわかりにくいものにしてしまう原因となります。そして、このような姿勢で企画書をつくっていると、企画書が完成した時点で、「9割方プレゼンは終了」といった気分になります。プレゼンの目的が、企画書づくりにすり替わってしまうのです。まさに本末転倒。しかし、これを笑える人はいないでしょう。伝わらないプレゼンから抜け出すために、まずはこの「プレゼン＝企画書作成」という意識を払拭する必要があります。

　そこで本書では、プレゼンをあらためて定義するところからはじめたいと思います。そう、プレゼンとは……

プレゼンとは、「伝える」ことをテーマとしたイベントである。

　プレゼンは"イベント"です。ですから、「場」があり、「時間」があります。その与えられた場所・時間で、いかに相手に「伝える」ことができるか？　企画書はこのイベントのツールの一つにはなりますが、もちろん企画書だけでイベントは成り立ちません。イベントには、出展者がいて来場者もいます。これはそれぞれプレゼンターとクライアントに当たるでしょう。プレゼンターは「伝えたい」と思い、クライアントは「伝えてもらいたい」と思っています。一方的に「知らせる」のではなく、双方向で「伝わる」ことが、プレゼンというイベントでは求められるのです。そしてイベントの成功は、

伝えたいことが相手の心に届き、相手を行動させること。

にかかっています。「企画書を説明する」という既存のプレゼンイメージから脱却し、一期一会の「イベント」としてプレゼンを捉えるにはどうすればよいか？　それは、

プレゼンのスタイルを思い切って変える

ことです。考えを変えるには、まず「行動」を変えること。そもそも、紙の企画書はプレゼンというイベントにあまり適していないのです。
　プレゼンというイベントに適したプレゼンのスタイル。それはずばり、

スライドプレゼン なのです。

03 伝わるプレゼンの3要素

　なぜ「スライドプレゼン」なのか？　まずは、「伝わるプレゼン」とはいったいどのようなものであるかを押さえておきましょう。
　『論理的にプレゼンする技術』（平林純／ソフトバンククリエイティブ）によると、理想的なプレゼンには次の3つの要素が必要とのこと。

①わかりやすい　②メリットを感じる　③おもしろい

　これらはすべて「聴き手」にとっての要素です。
　「①わかりやすい」は、聴き手が楽に理解できる、ということ。これはメッセージをシンプルにしたり、具体化することによって可能となります。逆に、資料がごちゃごちゃしていたり、たくさんのことを一度に訴求されたりすると、聴き手は一気に理解できなくなります。企画者はとにかく内容を詰め込みたがりますし、プレゼンターはすべてを話したくなるものですが、そこをぐっとこらえ、あくまでも聴き手の立場で伝え方を考える必要があります。
　「②メリットを感じる」は、言わば"企画提案の大前提"でもあるわけですが、意外にもすっぽりと抜け落ちていることがよくあります。すなわち、プレゼンが「どうです？すごいでしょ？」で終わっているのです。聴き手の反応は自ずとこうなるでしょう。

「いやあ、確かにすごいですね。で、なにか？」

　自分たちの主張だけを語るのではなく、むしろ相手のメリットを中心に提案を組み立てていくことが大切です。
　さて、理想的なプレゼンの3要素、その3つめは「③おもしろい」。……おもしろい？ おもしろい、っていったいどういうことでしょう？
　ここで言う「おもしろい」とは、「興味を惹かれる」「おもしろみを感じる」という意味です。そして著者は言います。

「なんだかおもしろい！」と感じさせるプレゼンは、効果が8割増しになる！

　「8割増しという数字に科学的な根拠はない」と著者は書かれていますが、この意見、そして「8割増し」という感覚にも大賛成です。「おもしろいプレゼン」に関してはこれまで語られることがありませんでしたが、「おもしろさ」はプレゼンの一大要素なのです。

「なんだかおもしろい！」と感じさせることでプレゼンの威力がアップ！

　「なんだかおもしろい」という気持ち。それは、「興味」であり「好意」です。みなさんは「吊り橋効果(理論)」というものをご存じでしょうか？ 簡単に言えば、吊り橋を渡るドキドキ感を恋愛のドキドキ感と勘違いしてしまう、といった効果のことです。他に「ゲレンデ効果」というものもあります。これは、ゲレンデという場所ではだれもが可愛く／かっこよく見える、というものです。つまりは、「場の雰囲気」や「印象」というものが、全体の善し悪しを決めてしまうわけです。そう、「なんだかおもしろい」と感じさせるプレゼンは、提案内容自体にも「おもしろそう」「良さそう」と感じさせるのです。

　さて、ではこの「おもしろい」はどのようにつくればよいのでしょうか？
　「プレゼンターのしゃべり方がなんだかユニーク」といったおもしろさもあるでしょう。しかし、これは人それぞれのキャラクターであり、無理につくり出せるものではありません。「必ず笑えるネタをプレゼンに織り込む」のも難しいでしょう。外せば非常に危険ですし、そもそも笑いにふさわしくないプレゼン内容には使えません。
　そこで本書からの提案です。

見せ方を工夫して、見た目のおもしろさをつくりましょう！

　ありきたりで退屈なプレゼンのイメージを打破する、おもしろい見せ方で目が離せなくなるプレゼン。しかも、わかりやすく、自然と目と気持ちが集中してしまうようなプレゼン。
　そんな見せ方の演出、スライドプレゼンなら可能です。

04 スライドプレゼンのススメ

　スライド。元々は「映写用に用いる小型(5cm角程度)の透過原稿」(ウィキペディア)を指していましたが、いまではPCで表示する画像の意味としてよく使われます。スライドプレゼンは、PC＋プロジェクター、PC＋大型ディスプレイ、あるいはノートPC単体、iPad等を使って、相手にスライドを見せながらプレゼンすること。

　プレゼン用のスライドの多くは「スライドウェア」というツールでつくられています。Microsoft Office PowerPointやApple Keynoteがそれです。PowerPointが圧倒的なシェアを占め、いまやスライドウェアの代名詞となっていますが、「iPad＋Keynote」によるプレゼンも急激に増えています。iPadやiPhoneの台頭によって、今後のプレゼンツールはどんどん多様化していくと思われます。なによりも、スライドプレゼン自体が身近で気軽なものとなっていくでしょう。

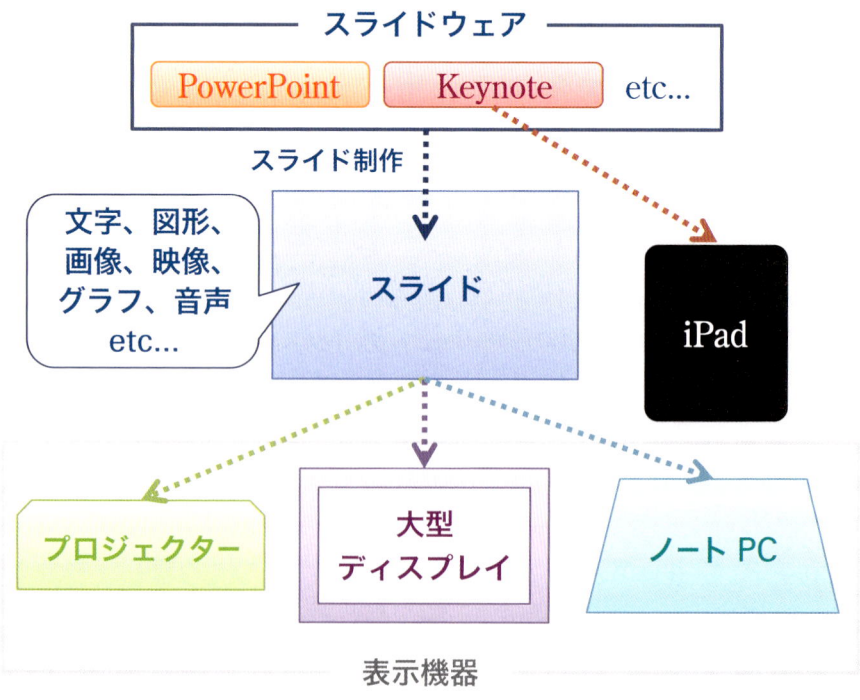

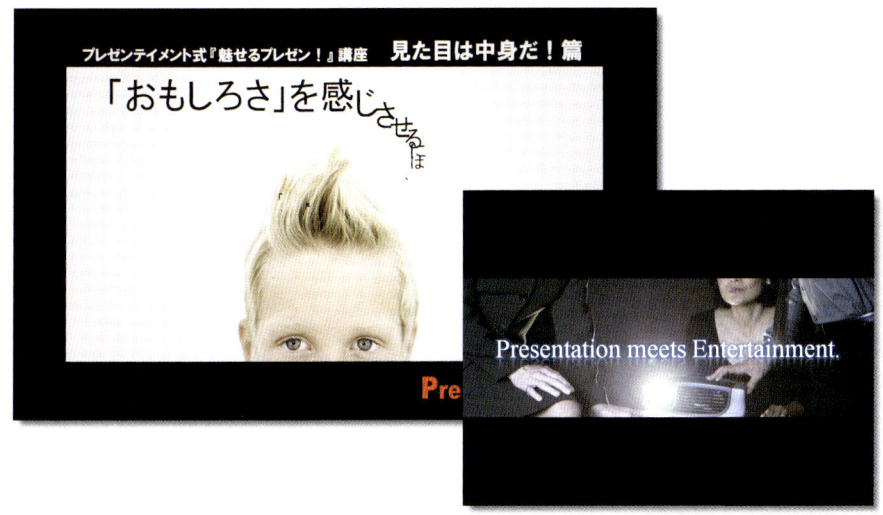

　さて、「プレゼンは紙の企画書ではなく、スライドでしましょう」ということは前述しました。そして、「スライドプレゼンならプレゼンをおもしろくできます」ということも書きました。

　なぜここまでスライドプレゼンを推奨するのか？　その理由となるスライドプレゼンのメリットは次項で述べることにしましょう。ここでは、紙の企画書では不可能な、スライドプレゼンならではの「表現」についてまとめてみます。

■ **スライドプレゼンならではの表現**

① アニメーション効果を使用できる

　スライドに配置したオブジェクト（文字や図形、写真、イラスト等）に「動き」を設定できます。メッセージの登場にインパクトを持たせたり、グラフの意味をわかりやすくしたり、重要な箇所を強調したり、と、イメージを刺激するプレゼンが可能となります。

② 映像や音声を活用できる

　スライド内に映像を配置したり、BGMやナレーションなどの音声を埋め込むことができます。例えば、機械の実際の動きを映像で見せたり、ナレーションを入れて全自動の商品案内をつくることもできます。

③ ハイパーリンクを設定できる

　ウェブサイトのように、文字や画像をクリックすると特定のスライドへと即座にジャンプするハイパーリンクを設定できます。他のファイルやウェブサイトの表示も可能です。

05 スライドプレゼンでできる3つのこと

　スライドプレゼンだからこそできる多彩な表現。その表現は、実際のプレゼンにどのような効果をもたらしてくれるのでしょう。3つのポイントにまとめてみました。

一、注目してもらえる！

　企画書によるプレゼンの場合、相手はこちらの話を聞くことなく、好き勝手にページをめくってしまいます。もう少しお行儀の良い相手の場合でも、説明しているページのどの部分に目を向けているかはわかりません。せっかく順序立てて説明していても、相手はすでに結論部分を眺めているかもしれません。

　その点、スライドプレゼンなら、しっかりとスライドに注目してもらえます。なぜなら、表示されているスライドしか見るところがないからです（そのためにも、スライド内容が記された配布資料を事前に渡してはいけません！）。プロジェクターによるプレゼンの場合はとりわけスライドへの注目度が高まります。部屋が暗く、「スライドに注目する」という暗黙の雰囲気が漂っています。

　また、アニメーション効果でオブジェクトに動きをつけることによって、相手の視線をコントロールすることができます。見てほしい部分を、感じてほしいイメージで見せることができるのです。

　このようなスライドへの注目〜集中は、プレゼンの効果を格段にアップさせます。

アニメーション効果によって相手の視点を誘導できます！

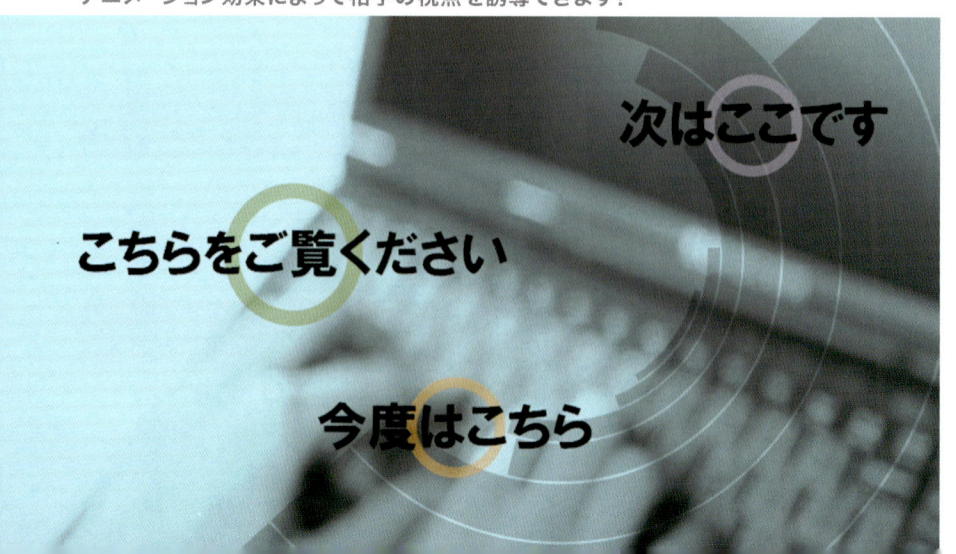

プレゼンをスライドがナビゲート。だれでも同じクオリティのプレゼンができます！

二、順序立てて話せる！

　アニメーション効果は、相手の視線を惹きつけ、誘導するだけではありません。プレゼンター自身をも誘導し、「プレゼンをナビゲート」してくれるのです。

　例えば、プレゼンターの操作によって文字や画像を説明順に表示するように設定します。文字や画像が表示されたとき、聴き手の視線はそこに注がれているでしょう。このとき、プレゼンターはその文字を読み上げたり、画像を説明するだけで、自然でスムーズなプレゼンになるのです。極端に言えば、プレゼンターは自分が表示させたものを読んだり紹介したりさえすれば、一定品質のプレゼンが成り立ってしまうのです。

　ここに「トークスキル」はまったく必要ありません。口べたでプレゼンが苦手な人でも、安心してプレゼンができるようになります。全国規模の研修会や会社説明会など、複数のプレゼンターが同じ内容のプレゼンをする際も心配無用。だれがプレゼンをしても、理路整然と順序立てた説明が可能になるのです。

　これは「読み上げプレゼン」を推奨しているわけではありません。が、むやみに否定するものでもありません。読み上げるか読み上げないか、ではなく、伝わりやすいかどうか。相手に伝わるのであれば、プレゼンの手法は問いません。

　これは、アニメーションを考える際も同様です。アニメーションをつけるもつけないも、伝わりやすくなるかどうかで判断しましょう。

三、わくわく感を創出できる!

そしてスライドプレゼンの醍醐味は、見る人をわくわくさせられること。

インパクトのあるアニメーション効果。映像のように姿を変える画像。ポイントを強調したグラフ。メッセージを印象づける効果音。これらの工夫された表現と共に徐々に進行していくスライドプレゼンは、すべてが明らかになっていないため、「次はなにを見せてくれるのだろう？」といった期待感を喚起します。

もちろん、聴き手は上辺の演出だけを楽しんでいるわけではありません。プレゼンの内容がしっかりと伝わってきていることを楽しんでいるのです。そう、プレゼンという場においては、わかりやすく伝えることが最高の"プレゼント"となります。

スライドプレゼンが醸し出すわくわく感には、もう一つ重要な要素が関係しています。それは、"イベント感"とでも申しましょうか。「暗い部屋でプロジェクター投影する」という雰囲気が、少し日常とは違う感覚を生み出します。それは映画館で映画を観る感じに似ているかもしれません。スライドプレゼンの場そのものに、不思議なわくわく感が備わっているのです。

さて、以上の3つのスライドプレゼン効果を、「相手（聴き手）」と「自分（プレゼンター）」それぞれのメリットとしてまとめ直してみましょう。

相手（聴き手）にとってのメリット
- プレゼン内容の理解に特別な努力がいらない
- プレゼン内容がわかりやすく、ちゃんと伝わる
- イベントとしてのわくわく感を楽しめる

自分（プレゼンター）にとってのメリット
- プレゼンの進行をコントロールできる
- トークスキルがなくてもわかりやすい説明ができる
- 相手にプレゼンを楽しんでもらえる

プレゼンという大切な場、そして貴重な時間を無駄にせず、有意義なものとするために。さあ、スライドプレゼンを導入しましょう。

06 スライドプレゼンの活用フィールド

　スライドプレゼンと一口に言っても、単に「提案」の場だけで使われているわけではありません。元々"プレゼンテーション(presentation)"という言葉には、「提示、発表、表現、上演、公開、紹介、披露」といった意味があり、相手になにかを伝えることすべてがプレゼンと言えます。

　では実際に、スライドプレゼンはどのように活用されているのでしょうか？ ビジネスシーンとプライベートシーン、表示機器別にまとめてみました。(下図参照)

■スライドの活用フィールド

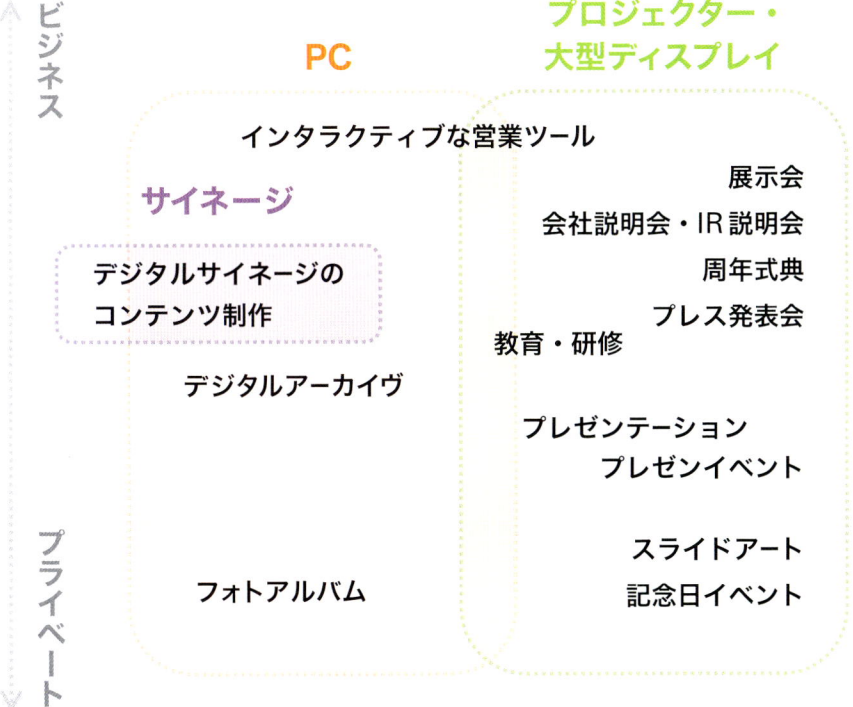

　工夫次第で使い方はいろいろ、といった感じでしょうか。
　以下、いくつか代表的な用途について説明していきましょう。

シーン① 展示会

ビジネスユースとして、まずは「展示会」が挙げられます。展示会におけるスライドプレゼンの用途は主に2種類あります。

用途① 展示内容の自動案内

展示している商品やサービスの紹介用に、その特徴を1〜3分程度にまとめた「映像風」のスライドが使われます。放映には大型のプラズマディスプレイや液晶モニタが利用され、プロモーションビデオのように自動で進行〜ループするタイプのものが一般的となっています。展示内容を印象的に案内する他に、派手な動きで来場者の注意を引く"アイキャッチ"、そして、ブース内へと誘導する、"集客"の役割も併せ持ちます。

用途② プレゼンターによるセミナー／プレゼン

商品やサービスの導入メリットをフェイス・トゥ・フェイスで案内するためのスライドです。スライドはPowerPointやKeynoteで制作され、プレゼンターが説明しながら手動で進行していきます。表示には、プロジェクターやタッチパネル式の大型ディスプレイなどが使われます。商品・サービスへの興味〜理解を促進する非常に有効な手法として広く導入されています。"芝居仕立てのプレゼン"や"参加型セミナー"といった工夫によって、高い集客効果も発揮します。

シーン②　会社説明会・IR説明会

　企業の人材採用活動時に開催される「会社説明会」や、投資家に対して自社アピールを行う「IR説明会」。このように事業の未来を左右する重要なシーンでも、スライドプレゼンが活用されています。いや、重要だからこそ、訴求力の強いスライドプレゼンが選ばれるのでしょう。多くの会社説明会・IR説明会では、大きなスクリーンにプロジェクターでスライドを投影した、インパクトのあるプレゼンが行われています。

　採用説明会では、「先輩社員からのメッセージ」や「仕事紹介」などにビデオ映像が使われることがよくあります。これは「本人の声」や「現場の風景」を映像として見せたほうが説得力がある──つまり伝わりやすいからです。PowerPointやKeynoteといったスライドウェアをうまく使えば、映像や写真を盛り込んだ臨場感あるプレゼンにできます。

シーン③　周年式典

　5年、10年、20年。企業活動を継続していくことは非常に困難であるがゆえに、その節目節目を社員全員で記憶に刻んでいくことは大きな意味を持ちます。そう、周年式典は単なる行事ではなく、会社の過去を知り、先輩社員の功績に感謝し、未来を創造するためのモチベーションを喚起する場なのです。

　この周年式典を、創業時からのエピソードや写真、会社を支えてくれた人たちの紹介で彩るのが、周年式典用のスライドです。

　周年式典用スライドでは、当時の時事を交えながら、会社での出来事を紹介していく展開が効果的です。できるだけ多くの写真や映像を盛り込むことがポイント。真摯な気持ちで制作に取り組めば、自ずと涙腺を刺激する感動的なスライドになります。

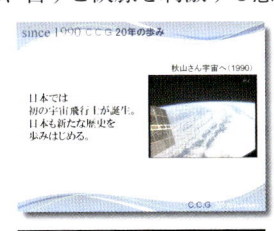

シーン④　教育研修

　新入社員研修をはじめ、販売代理店に対する新商品販売の勉強会、フランチャイズ店に対するブランド説明会、パートやアルバイトに対する働き方の講習会など、教育研修の場でもスライドプレゼンは欠かせません。とりわけ教育担当者が何人も存在する場合、担当者によって教え方やその内容がまちまちになってしまっては困ります。

　だれが担当しても、同じ内容、同じ水準の研修ができるように。しっかりと設計されたスライドがあれば、安定した教育研修が可能となります。

シーン⑤　営業ツール

　パンフレットやカタログといった紙の営業ツール。これをスライド化し、ノートPCやiPadを使った"プレゼン営業"に変えることで、営業の効率と効果が格段に向上します。

　例えば、紙のツールでは伝えられない動作や使用風景を「映像」で組み込んだり、ハイパーリンクで見せたいスライドを瞬時に表示したり、ウェブの情報に即座にアクセスしたり。プロジェクターを使用すれば、複数の相手に対してわかりやすく訴求力のある案内もできます。また、"情報の追加・修正"が簡単であるため、営業ツールを「いつも最新・最適」な状態に保つことが可能です。

　他にも、デジタルサイネージに使用する映像やタッチパネル用のコンテンツをPowerPointスライドで制作したり、大量の写真をフォトアルバム化するなど、ビジネスでもプライベートでもスライドが活用され、それを使ったスライドプレゼンが行われています。今後はiPadやiPhone（スマートフォン）の利用によって、さらにユニークなスライドプレゼンが登場してくるでしょう。

07 PowerPointの功罪

　さて、これらのスライドプレゼンに欠かせないツールがスライドウェアです。そして現在、世界中でもっとも普及し、スライドウェアの代名詞となっているのが、Microsoft社のPowerPoint。日本でもほとんどの企業、大学をはじめとする多くの教育機関に導入されています。プレゼンテーションソフトを対象とした国内の調査によると、PowerPointのシェアはなんと98%。「パワポできてる？」は「企画書（プレゼン資料）できてる？」と同じ意味で使われています。

　プレゼンテーションという言葉と概念を日本に持ち込み、普及させたのは、PowerPointの功績と言えるでしょう。私たちは企画書やプレゼンによって、伝えたいことを簡単にカタチにできるようになったのです。そして同時にPowerPointは、"伝わらない"資料を大量生産し、紙と電力の消費量を増加させる原因ともなりました。PowerPointでつくったものはなんでも「企画書」となり「プレゼン」になるとみんなが思っているからです。PowerPointはプレゼンテーションという"舞台"を与えてくれただけで、そこでの演じ方や見せ方をしっかりと教えてはくれませんでした。だれもが舞台にさえ上がればショーになると勘違いし、結果、まったくおもしろくない演目があふれることになったのです。観客は口をそろえてこう言います。

「パワポはダサい」
「パワポはおもしろくない」
「パワポはダメだ」

と。

　Twitterで「パワーポイント」もしくは「パワポ」というフレーズでキーワード検索しても、同様のつぶやきを散見できます。PowerPointの評価は決して好ましいものであるとは言えません。ちなみに、「キーノート」というフレーズで検索してみると、なんとも好意的なつぶやきが目立ちます。AppleのKeynoteならカッコいいスライドをつくることができて、PowerPointだとどう頑張ってもダサいスライドになってしまう、ということらしいのです。

が、本当にそうでしょうか？ 確かに、世の中にあふれているPowerPointの企画書やスライドは、美しいとは言いがたく、おもしろくもわかりやすくもありません。しかし、それを言うなら、Keynoteでつくられたものも、すべてが素晴らしい出来映えであるとは言えないでしょう。

そう、考えてみれば当たり前のことですが、スライドの出来映えはアプリケーションに依存するのではなく、"つくり手"によりけりなのです。

では、Keynoteでつくられたスライドが美しく見えるのはなぜか？ Keynoteは元々用意されているテンプレートがよくできている──それも理由の一つでしょう。テンプレートに忠実に制作すれば、ある程度見栄えのいいスライドになるのです。しかしそれよりも、やはりブランドの力によるところが大きいと言えます。"Apple""Mac"というブランドを好む人は「デザイン」にこだわりを持つ人が多いのです。MacユーザーがKeynoteを使用し、デザインやフォントにこだわってつくる。だから見栄えのよいスライドになるのです。

他にも理由があります。それは「数」の影響です。圧倒的多数のユーザーを持つPowerPoint。彼らは取り立ててデザインの勉強をしていない人たちであり、デザインへのこだわりもさほど強くはない人でしょう。そんな彼らによってつくられた大量のPowerPoint資料。私たちが目にするほとんどが、これなのです。PowerPointにいまいちなイメージを抱くのも当然でしょう。PowerPointは圧倒的なシェアを誇るがゆえに、デザインをないがしろにしてきた事実を露呈してしまったのです。

PowerPointの功罪。それは変え難い歴史上の事実です。が、それはこれからも終生変わらないものではありません。そう、もう一度繰り返します。スライドの出来映えは、"つくり手"によりけり。つまり、

ツールがPowerPoint
美しくデザインされた

08 本当はすごいPowerPoint

PowerPoint。みなさんはどんな使い方をしているでしょうか?

文字を打ち込み、フォントを選ぶ。オートシェイプ(図形)を配置し、色や大きさを変える。グラフや表を作成する。クリップアートをオンライン検索し、説明に必要なイラストやイメージ写真を挿入する。スライドプレゼンをする場合は、それぞれのオブジェクト(文字や図形、画像等)にアニメーション効果の「開始」「強調」「終了」「軌跡を描く」のなかから最適なアクションを設定する。画面切り替え効果にこだわる。……だいたいはこんなところでしょうか。

このような使い方でも、もちろん問題はありません。企画書やプレゼン用のスライドをつくるには十分でしょう。

しかし、これは「PowerPointに対する既存イメージ」の範囲でしかありません。実はこのPowerPoint、違った角度から眺めてみれば、驚くほど優秀なツールであることが見えてくるのです。いくつかその"違った角度"を紹介してみましょう。

①「プラットフォーム」としてのPowerPoint

PowerPointにはさまざまな"コンテンツ(表現)"を盛り込むことができます。
ドキュメント(文書)、グラフィック(画像)、アニメーション(動画)、サウンド(音声)、ムービー(映像)、ハイパーリンク(関連づけ) etc…

これだけ多くの表現形式を同じステージに登場させられるのです。しかも簡単に。言わば、表現のプラットフォーム。最適な見せ方を多くの選択肢から選び、それを自由に組み合わせることができるのです。

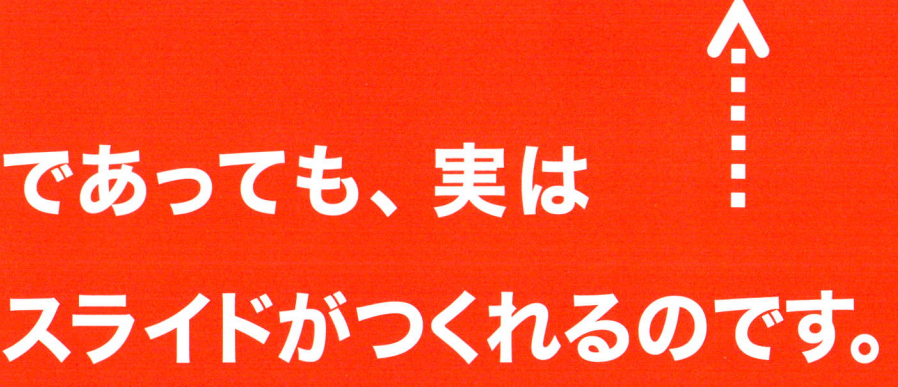

であっても、実は
スライドがつくれるのです。

②「インタラクティブツール」としてのPowerPoint

みなさんはPowerPointをただ「見せる」だけのツールにしていませんか？ 企画書であれスライドプレゼンであれ、単に「表示する」という捉え方ではもったいない。そう、PowerPointは"操作できるツール"でもあるのです。

それでは、操作することによるアクションをいくつか挙げてみましょう。

① Enterキーを押すと、文字や図表が現れる
② 図形をクリックするとその図形が消え、隠れていた文字が表示される
③ 英文をクリックすると、それを読み上げる音声が流れる
④ テレビの画像のスイッチをクリックすると、モニタに映像が表示される
⑤ Enterキーを押すたびに、画面の年表が横へ横へと流れていく
⑥ 画像をクリックすると、その詳細説明スライドへジャンプする
⑦ ウェブサイトの画像をクリックすると、実際のサイトへジャンプする

挙げ連ねていくときりがありません。アニメーション効果や画面切り替え効果、映像や音声の埋め込み、そしてハイパーリンクなど、それぞれの使い方において操作の有無を選ぶことができます。スライド内容に人の操作が加わってはじめて、一つのプレゼンが完成するのです。

このように操作をフレキシブルに設定できる部分も、PowerPointのすごさだと言えます。

③「デザインツール」としてのPowerPoint

「PowerPointのデザインはダサい！」。これがほぼ定説となっているのが現状。が、前述したように、デザインの善し悪しはつくり手によりけりです。そしてPowerPointは、実はデザインツールとしても意外と使い勝手が良いのです。

例えば「文字」に関しては、行間や字間の細かい数値設定ができます。ドロップシャドウや光彩、変形といった加工もできます。

「図形」に関しては、面取り効果や3D回転も数値で細かく設定できます。「塗り」は自由なグラデーションや透明効果にも対応。「写真」のトリミングや色変換、指定色の透過も可能。そしてデザインの基本である「整列」もボタン一発でOKです。ここまでの機能があれば、十分美しいデザインを創り出すことができるはずです。

「パワポだからこんなものだろう」——そんな既成概念を捨てることで、PowerPointのデザインは大きく変わっていくことでしょう。

09 PowerPointクリエイティブを導入しよう

さて、これまでスライドプレゼンやPowerPointについて眺めてきました。ここで再び、本書のテーマに戻りましょう。本書のテーマ、それは、

「見せ方を工夫して、見た目におもしろみのあるスライドプレゼンをつくりましょう!」

というものでした。そしてこのテーマにアプローチする方法、それが、

PowerPointクリエイティブ

なのです。

「PowerPointクリエイティブ」とはなにか?

デザイン + **動き** + **操作**

それは、プレゼンの見た目をおもしろくする3つの要素——すなわち「デザイン」「動き」「操作」——を統合することによって、驚き=おもしろみのあるスライドをつくることです。具体的には、「わかりやすく目を惹くデザイン」をつくり、そこにアニメーション効果や音声・映像によって「動き」をもたらし、プレゼンターの効果的・印象的な「操作」によって見た目のインパクトを生み出す、という作業となります。

本書では、PowerPointクリエイティブのさまざまなテクニックを知り、身につけることによって"表現の幅"を拡張し、より伝わるプレゼンの実現を目指します。

伝えたいイメージが、スライドウェアによって制限されるのはもったいないことです。プレゼンの役割はあくまでも「伝える」こと。スライドウェアは伝えるための道具に過ぎません。一方、こういう考え方もできます。イメージ通りに伝えるためには、道具の性能を知り抜き、意のままに使いこなすことが必要、と。

PowerPointクリエイティブは、PowerPointを題材に、スライドウェアという道具を使いこなすことを目的の一つとしています。自在に道具を使えるようになることから、プレゼンの可能性が広がっていきます。

この「PowerPointクリエイティブ」をスライドプレゼンに導入すると、いったいどのようなことが可能になるのでしょうか？ 3つにまとめてみました。

① 伝わりやすい環境をつくれる

　PowerPointクリエイティブは、「見た目」をおもしろくするための手法です。前述したように「なんだかおもしろい」と思われるプレゼンは、訴求効果を大幅にアップさせます。すなわち、PowerPointクリエイティブは、「伝わりやすい環境をつくる」ための有効な手段となります。スライド制作にPowerPointクリエイティブを持ち込むか否か、その姿勢の有無によって、プレゼンにおける伝わるチカラは大きく変わってくるでしょう。

② スライド制作が効率的になる

　伝わりやすい見せ方——いわゆる"表現テクニック"をたくさん身につけ、引き出しに入れておくことで、伝えたいことを効率的・効果的に伝えることが可能になります。例えば「本編の途中で資料を参照する場合は、画面切り替え効果の"ボックスワイプアウト"で資料スライドに移り、再び本編に戻るときは"ボックスワイプイン"を使う」といった方法を知っていれば、本編と参考資料のつなぎ方に悩む時間は必要ありません。

　しかし、こういったメソッドの陳腐化を避け、新たな表現方法を見つけるのも、PowerPointクリエイティブの楽しみであり使命です。表現テクニックのバリエーションを広げることで、スライド制作はますます効率化できるでしょう。

③ プレゼンターに合った内容にできる

　トークが得意なプレゼンターにおいては、トークをうまくサポートし、盛り立てられるようなスライドに。逆に、口べたでプレゼンが苦手な人においては、トークに依存せず、プレゼンの進行をナビゲートしてくれるスライドに。……このように、仮に同じ内容のプレゼンであっても、プレゼンターの特性によってプレゼンの進行方法は異なってきます。

　PowerPointクリエイティブは、プレゼンターの様式に合った「表現」「操作」を提供します。プレゼン全体をスムーズにし、わかりやすいプレゼンにすることも、PowerPointクリエイティブの重要な役割なのです。

10　あらゆる表現を楽しむこと

　「伝える」という行為を新たなステージへと誘ってくれるPowerPointクリエイティブ。それはきわめて実用的な技術であると同時に、ある種娯楽的な喜びも与えてくれます。その喜びとは、

「あらゆる表現に関わって生きていける」

　ということ。

　PowerPointは、"さまざまなコンテンツのプラットフォームである"と先に述べました。PowerPointクリエイティブが扱うのは多彩な表現。文字、図形、写真、イラスト、グラフ、効果音、ジングル、BGM、ナレーション、映像、アニメーション、etc。これら個々の表現だけではありません。なにをどう伝えるかを考える「企画」、プレゼンの流れを組み立てる「構成」、プレゼンターによる操作や振る舞いを含むプレゼン全体の「演出」まで、言わば"表現を活かすための表現"もPowerPointクリエイティブの領域に入るのです。
　そう、見渡せば、世の中のあらゆる表現がPowerPointクリエイティブの"糧"となります。

グラフィックデザイン。写真。広告。ウェブデザイン。雑誌のレイアウト。フォントデザイン。テレビCM。映画撮影のテクニック。ドラマの展開。ドキュメンタリーの手法。バラエティの演出。BGM。効果音。ジングル。モーショングラフィックスやキネティックタイポグラフィの技法。アートの斬新な構図。ファッション。アニメ。情報デザイン。演劇。空間演出。AR。そして、プレゼンテーションや語り、その"間(ま)"というものに至るまで……。

　世の中のあらゆる表現が、私たちの興味の対象となり、クリエイティブのヒントとなります。いろんな種類の表現にアンテナを張っていると、世界の見え方そのものが変化してきます。そんな刺激的な毎日があなたを待っているのです。

だれにでもつくれる、すごいスライド

　本書冒頭の「プレゼンターについて」で紹介されていますが、私は元々、広告デザイン制作会社で長らくコピーライターをしていました。

　このコピーライター経験で学んだことは、"表現の多様性"について。世の中には、伝えたい想いの数だけ表現があります。逆に決まった表現方法に囚われていては、的確に伝えることはできないのです。たとえば、コピーライターはときに「コピーを書かない」という選択をすることがあります。キャッチフレーズを書かない、というキャッチフレーズ表現。これもコピーライターとしての立派な仕事です。常識や既成概念、予定調和から離れ、自由な表現を受け入れることから、心を動かすコミュニケーションがはじまります。

　このように、あらゆる表現を受け入れ、伝えるための表現を探求する、という姿勢を持つことは、なにもむずかしいことではありません。ただいろんな表現に興味を持てばいいだけです。次章で取り上げるスライドのサンプルを観て、「こんなのつくれない」と思うかもしれません。が、これも実はむずかしいことではありません。表現に興味を持ち、しっかり向き合いさえすれば、おもしろい表現は自然と組み立てられるのです。

　私はスティーブ・ジョブズではありませんし、プレゼンの達人でもありません。また、グラフィックデザイナーでもありませんし、名の知れたクリエイターでもありません。あえてみなさんと違うところがあるとすれば、それは、

表現のおもしろさがプレゼンをパワーアップさせることに気づいてしまったところ。

　さあ、私の気づきもいま公表してしまいました。これでみなさんも私も同じ土俵にいます。もっとすごくて、もっと伝わる表現を、これから一緒につくっていきましょう。

いろんな表現を楽しもう。

第2章

サンプルで学ぶ スライドプレゼン

■ PowerPointデータのダウンロードおよびご利用方法について

本書に掲載しているスライドの一部は、そのPowerPointデータ（以下、PPTデータ）をダウンロードしてご参照ならびにご利用いただけます。

《PPTデータのダウンロード方法》

▼「ダウンロードマーク」のついたPPTデータがダウンロードできます。

ダウンロードURL（ダウンロードファイルのインデックス）

① パソコンのウェブブラウザから、ダウンロードファイルのインデックス（http://www.seishisha.co.jp/presen/）にアクセスしてください。
② PPTデータのファイル名をクリックし、zip圧縮データをダウンロードしてください。
③ zip圧縮データを解凍してください。その際、パスワードを尋ねるアラートが出ますので、当該ファイルに設定された解凍パスワードを入力してください。

《PPTデータのご利用方法》

▼スライドショーの再生 ※プレゼンテーションパックの場合
① 解凍後、フォルダ内にある「◆こちらを起動してください.bat」を起動してください。
② 自動的にPowerPoint Viewer（PPTVIEW.EXE）が起動し、スライドショーが始まります。※ PowerPointのアプリケーションがインストールされていないPCでもスライドショーをご覧いただけます。
③ スライドショーは「Esc」キーで終了します。

▼ PPTデータの参照
① フォルダ内にある「(拡張子).ppt」ファイルをPowerPointで開けば、PPTデータの内容をご確認いただけます。

〈PPTデータ取扱上のご注意〉
・Windowsに対応しています。
・PCのスペックによっては、スライドショーの動作が不安定になる場合があります。（アニメーションが緩慢になる・文字が化ける等）
・PPTデータは、PowerPoint 2007にて制作していま す。PowerPoint 2003以前のバージョンではアニメーション効果等が正しく動作しない場合があります。
・PPTデータのダウンロード・ご利用に際して、いかなる不具合、不利益、損害等が発生したとしても、当社（青志社）ならびに著者は一切責任を負いません。あらかじめご了承ください。

01 人を集める自動プレゼン

　それではいよいよ、実際のスライドプレゼンに触れながら、スライドの組み立て方やPowerPointクリエイティブのテクニックを学んでいくことにしましょう。スライドプレゼンのサンプルデータは、左ページの要領でダウンロードしてください。
　さあ、準備はいいですか？

【サンプル①】展示会の集客用スライド

ダウンロード　02_01.zip　**解凍パスワード**　kouza
URL:http://www.seishisha.co.jp/presen/

◆タイトル
魅せるプレゼン！講座『見た目は中身だ！』篇
◆用途
展示会におけるブース集客用
◆使用方法
・WindowsPC＋PowerPoint2007＋プロジェクターでスクリーンに投影
・約7分／オートループ
◆内容
「魅せるプレゼン！講座」と題し、スライドプレゼンの"見た目を良くする"ポイントを紹介

プレゼンテイメント式『魅せるプレゼン！』講座
見た目は中身だ！篇

スタンバイ

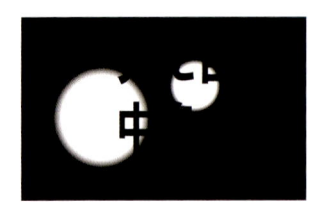

サーチライト効果で足を止める！

　プレゼンがはじまる前に表示しておくスライドを「**スタンバイスライド**」と呼んでいます。スタンバイスライドは、プレゼン開始前の雰囲気づくりに欠かせません。

　このサンプルの場合、「自社展示ブースで展示会の来場者の足を止めさせる」という狙いもあるため、動きのあるアイキャッチ的なスタンバイスライドにしています。

　2つのサーチライトと、その向こうで浮遊し続ける文字。果たして何と書かれているのでしょう？ このような「ちょい見せ」もテクニックの一つ。思わず足を止め、目を留める状況をつくりだします。

> **制作テクニック** ▶ サーチライト効果 ⇨ P120

　BGMは少しレトロでユニークな曲調を選択。"気安い雰囲気"をつくると共に、ちょっとした"おもしろさ"を感じてもらえるようにしました。

　BGMの音源は市販の著作権フリー素材を使用し、フリーウェアの音声編集ソフトで加工しています。

> **制作テクニック** ▶ 「音」の使い方 ⇨ P136

オープニング

サブリミナル効果で一気に惹きつける！

　映画の上映開始を思わせるブザー音と共に「**オープニングスライド**」がスタート。サブリミナル効果のように瞬く文字（サーチライトで照らされていた文字ですね）で、観る人の目を一気に惹きつけます。

> **制作テクニック** ▶ サブリミナル効果 ⇨ P92

　さらに間髪入れず、ニュース風のタイトルコールと共にプレゼンのタイトルをアニメーション表示。

　文字のアニメーション効果は「ズーム（アウト）」を中心にいくつかの効果を重ね合わせ、オープニングらしい勢いが出るようにしてみました。

> **制作テクニック** ▶ タイトルを目立たせる ⇨ P88

頭づくり

タイトル

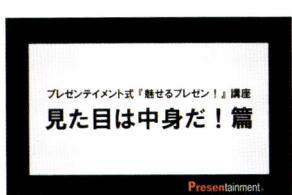

しっかりとタイトルを表示!

オープニングを締めくくるのが「**タイトルスライド**」です。これはプレゼン全体のタイトルとなります。

スタンバイ〜オープニング〜タイトルまでの流れを「**頭づくり**」と呼んでいます。頭づくりとは、"期待を喚起し、気分や心構えをつくる"ことです。冒頭で創出する雰囲気は、プレゼン全体を方向付け、支配するものとなります。「観る人をどのような気持ちにさせたいか?」を考えながら、スタンバイ〜オープニング〜タイトルを組み立てていくことが大切です。

制作テクニック 「なんとなくいい感じ」に見せる ⇨ **P91**

主題の提示

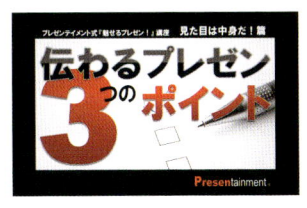

いきなり本題に入る!

タイトルを表示したら、早速本題に入りましょう。紙の企画書プレゼンでよくある「与件」のような、もったいぶった前置きは必要ありません。とりわけ展示会のように「プレゼンを観る・観ないはその人の自由」といった状況の場合、相手が魅力的に感じる主題を早めに提示し、その場に釘付けにする必要があります。

このスライドでは、主題の提示にインパクトを持たせるため、文字の登場に使っているアニメーション効果をスピードアップさせています。

制作テクニック スピードを調整する ⇨ **P84**

プレゼンの構成に関しては、ここからが「本編」となります。
本編は「主題の提示」と「主題の展開」で構成します。

頭づくり 〉 スタンバイ 〉 オープニング 〉 タイトル 〉
本編 〉 主題の提示 〉 主題の展開 〉

主題の展開

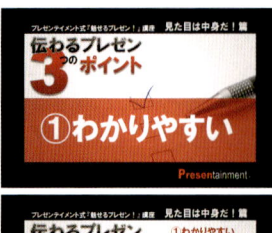

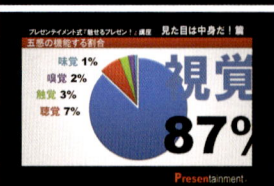

メッセージは右から左へ！

伝えたいことはとにかく「**3つ**」にまとめましょう。「3」はコミュニケーションのマジックナンバー。物事を3つずつ提示されると、なぜか安心感があり、頭にもすんなりと入ってきます。

文字を使ったメッセージは、「右から左」方向に流すのが基本です。横書きのプレゼンにおいては、画面の左側が「過去」、右側が「未来」となり、話しかけるメッセージは未来から投げかけられるものとなります。

逆に、既知の物事や"以前の出来事"は、「左から右」への登場がしっくりときます。

> 制作テクニック　慣性の法則効果
> ⇨ P94

さて、スライドプレゼンをスムーズに見せるテクニックの一つが、「**横へ横への移動**」です。これは、スライドを"パラパラめくる"のではなく、滑らかに横へとつなぐことによって、語りかけるような自然なプレゼンを演出するものです。

> 制作テクニック　横へ横へと移動する
> ⇨ P82

画面切り替え効果を工夫する！

プレゼンに表情をつけるのはアニメーション効果ばかりではありません。「**画面切り替え効果**」をうまく使えば、スライドの関係性をわかりやすく表現できます。

> 制作テクニック　画面切り替え効果を活用する
> ⇨ P80

本編

"名表現"を取り入れる！

すでに多くの人に知られている表現手法を取り入れる——これも PowerPoint クリエイティブの大切なテクニックです。

このサンプルでは、タイプライターの音と共に一文字ずつ文字が表示される、アニメ『ルパン三世』のタイトルコール風の表現を使用。印象づけたいメッセージや場面転換に効果的です。

ただし、非常にインパクトが強い手法なので、使いすぎは禁物です！

制作テクニック ルパン三世風メッセージ ⇨ P86

見た目のための、その1 見やすいスライドにすべし

フレーズに強弱を！

　スライドの中身が「文字ばかり」になってしまうことはよくあることです。図版やイメージにうまく変換できれば良いのですが、どうしても「文字で伝える」ことが中心になりがちです。

　文字だけのスライドの場合、そのフレーズに強弱（大小）をつけて表現すれば、観る人がストレスを感じにくくなります。

　また、アニメーション効果で重要なフレーズを強調することも効果的。

　文字だけで表現する場合、「どのフレーズが重要か？」を常に意識しましょう。

制作テクニック ズーム（アウト）の威力を高める ⇨ P85

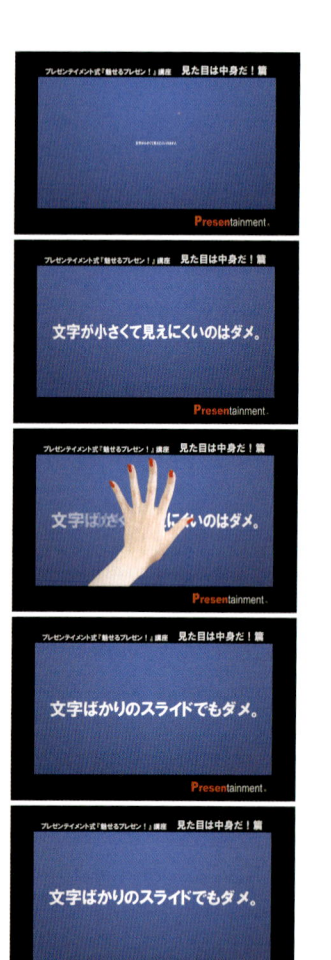

"一工夫・一手間"で興味を継続！

　おもしろみのあるプレゼンをつくるための基本にして最高の方法——それは、"一工夫・一手間"です。観る人を飽きさせず、楽しませようというサービス精神がなによりも大切。

　些細な表現でもより良く伝わるように工夫をし、一手間かけてカタチにすること。これは PowerPoint クリエイティブにおける大きな楽しみでもあります。

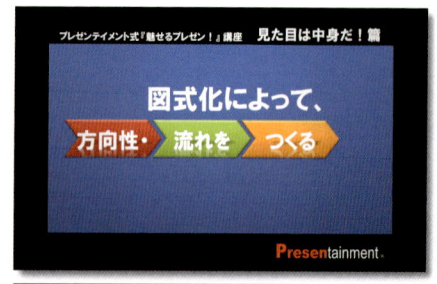

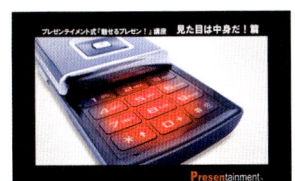

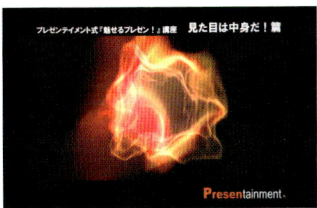

イメージで伝える!

具体的なイメージ(写真や絵など)は、言葉よりも的確に伝わると共に、記憶に深く留まります。とかく文字で埋め尽くされがちなスライドですが、より強く印象づけたいことは、文字よりもイメージを用いた表現を試みましょう。

制作テクニック　「イメージ」の探し方
⇒ P132

GIFアニメをアクセントに!

PowerPointには「GIFアニメ(アニメーションGIF)」形式の画像も挿入できます。ムービーファイルとは違って、あくまでも画像であるため、変形やトリミング、自在なアニメーション効果の設定も可能です。また、PowerPointではムービーの上にオブジェクト(文字や図形)を重ねることはできませんが(※PowerPoint2010以降は可能)、GIFアニメならその上にも下にもオブジェクトを重ねることができます。

映像のように動きのある画像をアクセントとして使うことで、プレゼンのインパクトが格段にアップします。

制作テクニック　「GIFアニメ」のつくりかた
⇒ P143

見た目のための、その2
パワポ的から脱却すべし

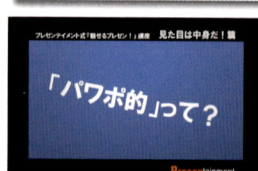

本編

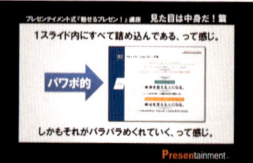

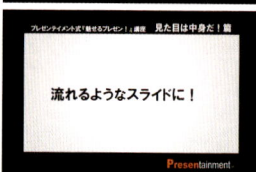

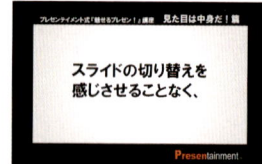

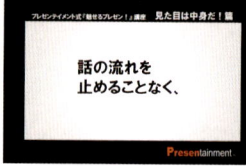

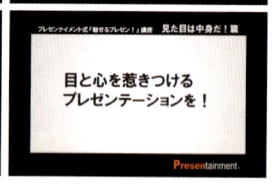

「パワポだから
こんなもんだろう」

まずはこれを
捨てること。

スライドの　切り替えを　工夫する　だけでも、

見え方は　大きく　変わります

アニメーション効果を使わず、画面切り替え効果だけを使っても、十分におもしろみのある見え方・意味のある表現が可能です。

「パワポ的」から脱却するには、見せ方にひと手間かける！ことが大切。

パラパラまんが風高速プレゼン！

この部分は少し"飛び道具"的な手法を用いています。名付けて「高速プレゼン」。アニメーション効果は一切使わず、画面を高速で切り替えていくことで、ユニークな動きを生み出しています。ジェットコースターのような独特な見せ方が可能です。

制作テクニック ▶ 高速プレゼン ⇨ P126

キネティックタイポグラフィ風アニメーション！

キネティックタイポグラフィ。一言でいえば、「文字による映像表現」。ご覧いただくとわかりますが、非常に印象的でおもしろい表現です。こんな表現も、意外と PowerPoint でできてしまうのです。

制作テクニック ▶ キネティックタイポグラフィ風 ⇨ P122

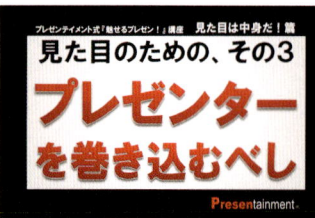

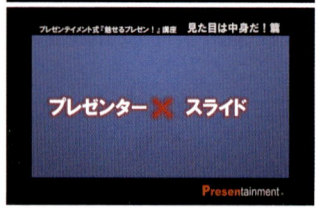

人とスライドのコラボレーション！

ここでは少し実験的なプレゼン手法を提案しています。名付けて「プロジェクタープレイ」。具体的には、プロジェクター投影されたスライドの"なか"にプレゼンターが立ち、スライドとプレゼンターが一体となってプレゼンを進める、というものです。

■展示会での実演風景

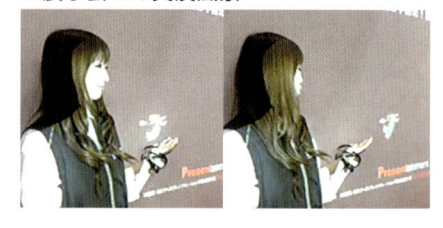

これは実際に展示会で試したのですが、スライドのオブジェクトとプレゼンターの共演はかなり多くの注目を集めました。

研究すればいくらでもおもしろい見せ方ができそうな手法です。

コラム 人とスライドが一体化！
⇒ P131

聴き手へのリクエスト

最後にしっかりとリクエスト！

いよいよプレゼンも終盤です。ここでは本編で展開してきた内容のまとめが中心となりますが、同時に、聴き手に対して「こうしてほしい」ということをリクエストします。プレゼンの最終的な目的は"相手の行動を促す"ことなのです。

頭づくり
スタンバイ 〉 オープニング 〉 タイトル

本編
主題の提示 〉 主題の展開

まとめ
聴き手へのリクエスト

ご紹介してきたサンプル①「人を集める自動プレゼン」は、実際の展示会で使用され、大きな集客効果を示した実例です。

次のサンプル②では、プレゼンターが手動でプレゼンをするためのスライドをご紹介します。これも実際に営業ツールとして使用しているもので、効果は絶大。その秘密をこっそりと公開しましょう。

再びトップへループ

02 人と対話する手動プレゼン

【サンプル②】営業ツールとしてのサービス案内スライド

ダウンロード 02_02.zip　**解凍パスワード** eigyou
URL:http://www.seishisha.co.jp/presen/

◆タイトル
約4分でわかるプレゼンテイメント
◆用途
　営業ツールとして、お客様にサービス内容を紹介／展示会でのプレゼン用
◆使用方法
　・お客様訪問時に、ノートPCを使用して説明
　　もしくは、WindowsPC + PowerPoint2003 +プロジェクターでスクリーンに投影
　・約5分／手動で進行
◆内容
　プレゼンスライド制作サービス『プレゼンテイメント®』の特徴および利用メリットを案内

スタンバイ

スタンバイスライドの定番、「フライングロゴ」！

プレゼンを開始するまで表示しておくスタンバイスライドには、会社のロゴやマークをあしらうのが定番。基本的には静止しているロゴ・マークで構いませんが、気分的にはテレビCMのように、アニメーション表示になっていて動きのあるロゴ──すなわち「フライングロゴ」にしたいところです。

しかし、もちろんむやみに動かしても意味はありません。ロゴ本来の意味を表現した動きを考えて、アニメーションを取り入れてみましょう。ちなみにこのサンプルで使っている青い矢印は、「現在のステージから次のステージへお客様をお連れする」といった意味のマーク。その遠近感や立体感、"移動"感を表現するために、「マグニファイ」というアニメーション効果を採用しています。

オープニング

ユーモラスな導入で敷居を下げる！

営業ツールだからと言って、お堅い内容である必要はありません。むしろ営業ツールであるからこそ、相手にとってフランクな存在であることをアピールし、相手の緊張を取り去ることが大切です。

このサンプルでは、ニュース番組のオープニングを感じさせる音楽とアニメーションを背景に、「タイトルを手書きする」というアニメーションを提示。オープニングをしっかりと認識してもらうと同時に、ユーモラスなイメージを創出し、相手がプレゼンに向き合う際の敷居を下げています。

タイトル

プレゼンに費やす時間をタイトルに織り込むのも、相手を安心させ、プレゼンに集中してもらうようにする一つの手法です。特にこのような営業案内の場合、長い説明は嫌がられるので、「短時間」であることを印象づけることが大切です。

頭づくり

主題の提示

表示に合わせてプレゼンを進行！

まずはサービスの概要を簡潔な言葉と具体的なビジュアルで紹介します。

慌てていろいろと説明する必要はありません。アニメーションで登場する言葉をそのまま読み上げればOKです。この冒頭部分でスライドプレゼンのペースをつくります。

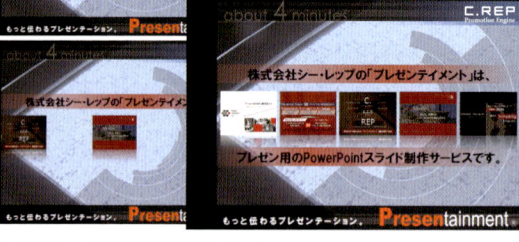

目と耳から同時に入った情報は理解されやすいと言われています。

クリック操作でアクセントを！

「表示された言葉を読み上げる」という説明スタイルに、ちょっとしたアクセントをつけると、プレゼンがより印象的になります。

ここでは、「オブジェクトをクリックすると色が変わる」というアニメーション効果を使用しています。

制作テクニック　クリックで拡大
⇨ P106

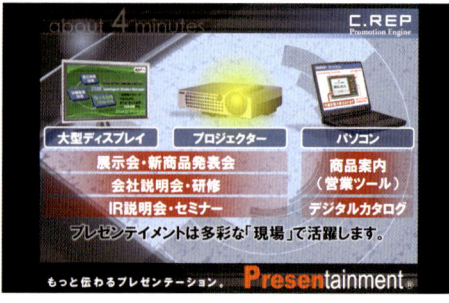

クリックすると色が変わります

主題の展開

　ここからは、「相手に"体験"してもらう」というスタイルのプレゼンになります。このサンプルの場合は、「PowerPointによるプレゼンスライド制作のメリット」を実感してもらう構成になっています。

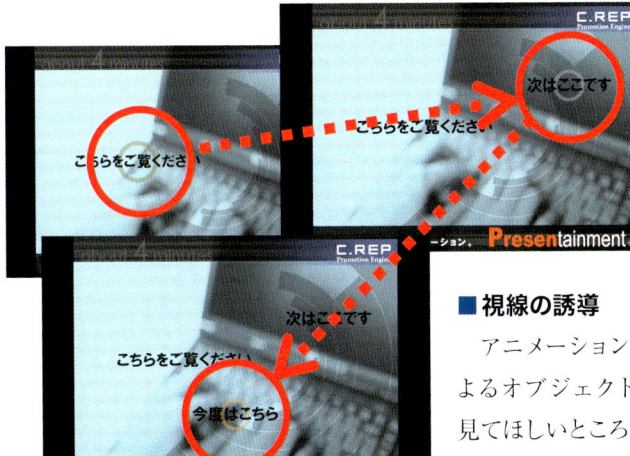

■視線の誘導

　アニメーション設定【開始】によるオブジェクトの「登場」は、見てほしいところに視線を誘導するのに効果的です。

　また、【強調】効果や効果音を「ここぞ！」というときに使えば、より注目度を高めることができます。

クリックすると、効果音と共にふきだしが強調表示されます。

～ BGM ～

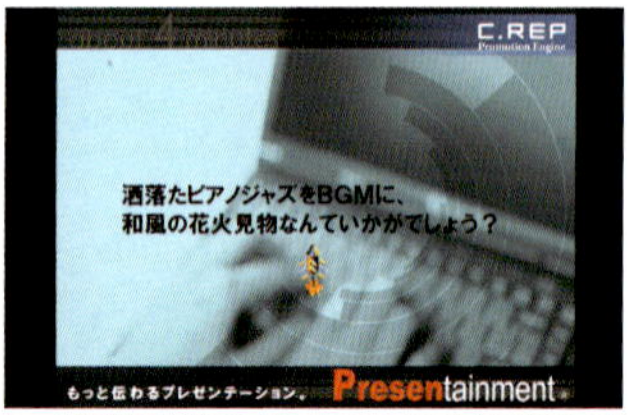

「音」と「映像」を効果的に活用!

　注意を喚起する効果音。新たな展開を知らせるジングル。場の雰囲気をつくるBGM。プレゼンターを助けるナレーション……。さまざまな「音」を目的に応じて使うことによって、プレゼンの訴求力が大きくアップします。

制作テクニック　「音」の使い方
　　　　　　　　　⇨ P136

　百聞は一見にしかず。言葉を連ねるよりも、「映像」で見せれば一目瞭然です。
　このサンプルでは、「花火」の映像を例として使用しています。
　「花火ってキレイですよね」と言葉で言われても実感はわきません。あの光とあの音を的確に伝えられるのは、やはり映像しかないでしょう（もちろん現場で実物を見るのが一番ですが）。

制作テクニック　　「映像」の使い方
　　　　　　　　　⇨ P140

本編

050

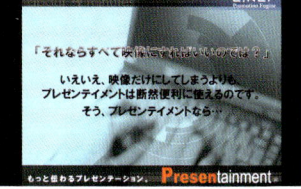

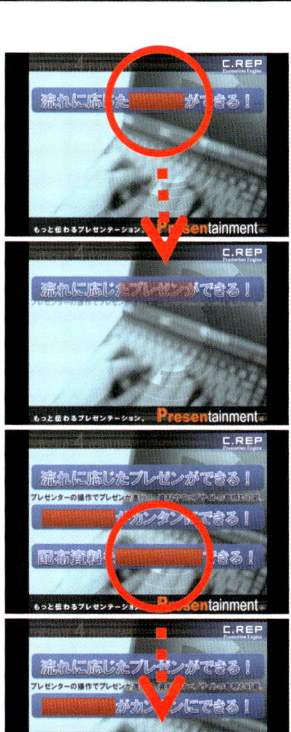

「もんたメソッド」でコミュニケーション！

　日本のプレゼン界で最も有名な手法は、"でかいプレゼン"の『高橋メソッド』でしょう。これは、"巨大な字"で書かれたキーワードを中心に展開していくプレゼン手法です。高橋メソッドは名著『プレゼンテーションZen』（ピアソン・エデュケーション）でも紹介されています。

　そして、高橋メソッドと共に日本の二大プレゼン手法と目されているのが、『もんたメソッド』です。

　もんたメソッドとは、

「午後は○○おもいッきりテレビ」でみのもんたが行うように、文章の一部分を隠しながらプレゼンテーションを行う（はてなキーワードより）

　といったプレゼン手法。キーワードを"隠す"ことによって、「見たい」という気持ちを喚起し、プレゼンの効果を高めることができます。

　また、聴き手とのコミュニケーションにも有効であり、一方通行ではなく双方向的なプレゼンが可能となります。

　このサンプルでは、文字を隠している四角形をクリックすると、その四角形が消えて文字が現れる、という仕組みになっています。

制作テクニック もんたメソッド
　　　　　　　　⇨ P104

本編

「プレゼンが苦手」でも PowerPointがナビ！

Point 3
しっかりと伝わる
プレゼンテーションができます。

最後に、プレゼンテイメントの最大の特長、
それはただキレイなスライドをつくるのではなく、

企画・構成からしっかり考えます！

プレゼンテーション全体を
デザインすること。

Presentation

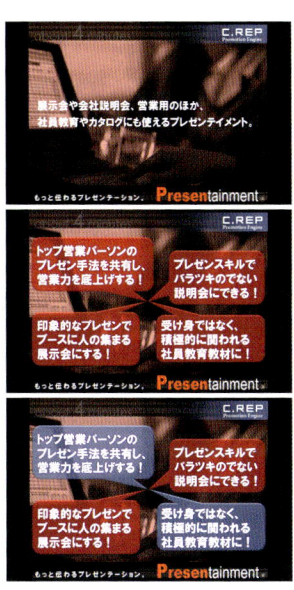

聴き手へのリクエスト

具体的な使い方を提案！

プレゼンの最終目的は、相手に提案を導入してもらうこと。そのためには、「導入イメージ」を感じてもらえる具体例を提示することが有効です。

■「なに」が「どう」なるのかの
　具体例を提示

なにが
↓
どうなる

最後は聴き手へのリクエストです。このサンプルの場合は、サービスの詳細説明を打診しています。

PowerPointでは、ハイパーリンクで別のファイルを開くことができます。さまざまなファイルにジャンプできる仕組みにしておけば、相手の意向や話の流れに応じた対応が可能となります。

03 スライドプレゼン構成法

　以上、スライドプレゼンのサンプルを2つご紹介しました。一つは展示会における集客用。もう一つは営業ツール。それぞれ役割も目的も異なりますが、スライドの構成は同じような展開になっていました。あらためてまとめてみましょう。

頭づくり

導入部分で場の雰囲気や聴き手の姿勢をつくることにより、プレゼンへの興味や期待感を喚起し、プレゼンの訴求力を高めます。

スタンバイ	プレゼンが始まる前に、プレゼンのメッセージに合う画像や"フライングロゴ"などで構成されたスライドを表示。
オープニング	テレビ番組や映画のオープニングのように、アニメーション効果やジングルを用いてプレゼンの幕開けを演出。
タイトル	プレゼンのタイトルを表示。提案内容に興味・期待を抱かせるようなキャッチフレーズが添えられることも多い。

本編

多くのことを語るのではなく、「これだけは伝えたい!」という内容に絞り、さらに3～5つのポイントにまとめながら想いを伝えます。

主題の提示	これからプレゼンしていく内容を聴き手に"宣言"。伝えたいことを具体的に絞り込んだ主題にすることで、プレゼンがパワフルに。
主題の展開	プレゼンの"核"となる部分。訴求項目を3～5つに絞り、文字や画像、音、映像、プレゼン手法等を駆使しながら聴き手を納得させる。

まとめ

「言いたいことを言っておしまい」ではプレゼンがもったいない。最後の一押しで相手を思い通りに動かします。

聴き手へのリクエスト	聴き手に対して「こうしてほしい」ということをしっかりとリクエスト。提案をハッピーエンドでしめくくるために不可欠なパート。

「プレゼンはイベントである」。本書の冒頭でこのように定義してみました。イベントには「場」があり、「人」がいて、限られた「時間」が与えられます。とりわけ許された「時間」は内容によってまちまち。新商品の説明会なら15～30分程度。会社説明会やセミナーでも1時間以内。営業というイベントなら、たったの3～5分かもしれません。いずれにせよ、非常に短い時間のイベントです。このイベントを実りあるものにするために必要なこと、それは、

一番伝えたいことを伝える

ということ。そして、

伝えたいことを最低限に絞り込む

という潔さです。

　失敗しているプレゼンのほとんどは、「たくさんのことを言い過ぎて、結果、なにも伝わらなかった」というものです。プレゼンをする側には多くの知識と多くの思い入れがあります。「これも、あれも伝えたい！」となる気持ちもわかります。しかし一転、プレゼンを受ける側の立場になってみれば、その想いはマイナス要因にしかなりません。短時間でたくさんのことを熱く訴えかけられても、知識も思い入れもない聴き手にはちんぷんかんぷん。その上、プレゼン自体が退屈なものなら……

　今回のサンプルで採用した構成は、スライドプレゼン向きの構成となっています。
　まずは導入部分である「頭づくり」。聴き手の情緒に訴えかけ、プレゼンへの期待感を喚起します。言わばプレゼンの"つかみ"です。テレビ番組の公開録画では、「前説（まえせつ）」と呼ばれる事前説明があります。これは単なる番組進行の説明ではなく、観客の緊張をほぐし、場の空気を暖め、本番が最高に盛り上がるようにするための大切な準備です。この頭づくりのパートも、前説と同様の役割を担います。薄闇のなか、プロジェクターでスクリーンに投影される映像。意識をすれば聞こえてくるかすかなBGM。それだけでも日常とは少し違った気持ちになるでしょう。それは映画がはじまる前のわくわく感に似ているかもしれません。そう、スライドプレゼンなら、映像のような動きや音でオープニングを演出することができます。実際の映像（ムービーファイル）を使ってもいいでしょう。せっかくのスライドプレゼン。紙の企画書ではできないことをやりましょう。

（なんだか、おもしろそうだ）

そう思わせれば、頭づくりは成功です。

ただし、なんでもかんでも「映画のオープニングのような頭づくり」にすればよいというわけではありません。プレゼン内容によって、つくるべき頭の中身も変わってくるのです。例えば、数社が同じテーマでプレゼンをする場合、そのテーマ自体をイメージした頭づくりは不要でしょう。わざわざ雰囲気をつくるまでもなく、だれもが「その頭」でいるからです。プレゼンの種類だけでなく、場の雰囲気や聴き手のタイプも考慮し、頭づくりのさじ加減を決めましょう。

　頭づくりに続く「本編」では、一番伝えたいことを絞り込んで伝えるために、「主題を提示する」ことからスタートします。主題とは、プレゼンの中心となるメッセージ、つまり、「自分が一番言いたいこと」です。主題は尖っているほど、パワフルな訴求力を持つことができます。主張を具体的な一点に絞り込むことで、メッセージの先端は尖っていきます。

　本編の中心は「主題の展開」です。伝えたいことを伝えるために、さまざまな説得材料を提示し、プレゼン手法を駆使していきます。この部分がプレゼンの中心であり、多くの時間とスライド数を費やすことになります。そのため、話がごちゃごちゃとなりやすいパートでもあります。話が散漫にならないようにするには、訴求項目を３〜５つに絞って展開していくことが望ましいでしょう。

　さあ、与えられた時間もあとわずか。最後にしっかりと主張をまとめ、相手の行動を促さなければなりません。
　「まとめ」の部分では、相手に「どうしてほしいのか？」をしっかりと伝えることが大切です。そもそもこれがプレゼンの目的なのです。

「だから、こうしてください」

それをはっきりと述べることで、プレゼンは終了します。

　以上、「頭づくり」「本編」「まとめ」という構成を紹介しました。
　しかし、この構成がすべてのプレゼンにとって最良である、ということではありません。プレゼンの内容ごとに、伝えやすい構成は変わってくるでしょう。そう、

すべてのプレゼンはオリジナルである。

　スライドプレゼンのおもしろみは、その内容に合った構成を考えるところからスタートするのです。

04 会社プレゼン

　最後にもう一つ、スライドプレゼンのサンプルをご紹介しましょう。これは私が「会社プレゼン」と呼んでいるものです。会社プレゼンとは、"会社の強み"を伝えるためのツールです。

　多くの会社は、「(紙でできた)会社案内」や「ウェブサイト」を持っています。これらには会社に関するさまざまな情報が盛り込まれており、会社を"総合的"に紹介するためのツールと言えます。

　しかし、だれもが会社案内やウェブサイトの情報を隅々まで読んで接してくれるわけではありません。たとえ社員であっても、会社案内やウェブサイトに記されていることをすべて把握してはいないでしょう。いえ、会社のすべてを知っておく必要はありません。むしろ、この問いかけに答えられることのほうが重要でしょう。

「あなたの会社を一言で紹介してください」

　さあ、果たしてあなたは答えられるでしょうか？

　この問いが求めているのは、会社の特徴や強み・独自性です。つまり、「特徴や強み・独自性」は相手にとって興味の対象であり、会社の魅力となるものなのです。

　そう、初対面の相手に対して、会社案内やウェブサイトに載っている詳しい情報は不要です。自己紹介で自分のチャームポイントをアピールするように、初めての会社紹介では会社のチャームポイントを知ってもらうべきなのです。

　しかし、この「特徴や強み・独自性」「チャームポイント」を端的に訴求できるツールはあるでしょうか？ 初めて会った人に、会社の魅力をさらりと語れるツール。いきなり多くを語るのではなく、絞り込まれた強みを伝えられるツール。意外にも、こんなツールは存在しないのです。

　そこで考えたのが「会社プレゼン」です。会社プレゼンは、1～3分程度で会社の強みをアピールするためのツールです。初めて会う人には、名刺で自己紹介し、会社プレゼンで会社紹介をします。紙の会社案内は本来の「配布ツール」として渡しておけばいいでしょう。興味を持ってくれた場合はじっくり読んでくれるはずです。

　これからご紹介するサンプルは、私が所属していた「株式会社シー・レップ」の会社プレゼンです。この会社について詳しくは語りません。まずは会社プレゼンをご覧いただき、どんな会社かをイメージしてみてください。

【サンプル③】「会社プレゼン」スライド

ダウンロード 02_03.zip　解凍パスワード kaisha
URL:http://www.seishisha.co.jp/presen/

◆タイトル
株式会社シー・レップの会社プレゼン
◆用途
「私たちはこんな会社です」という会社の自己紹介用のツール
◆使用方法
・展示会および会社説明会にて、WindowsPC＋PowerPoint2003＋プロジェクターでスクリーンに投影
・ウェブサイトでダウンロード配布
・2分20秒／自動で進行
◆内容
株式会社シー・レップの業務内容、差別化ポイント、提供メリット等で構成

スタンバイ

コーポレートカラーで統一！

　スタンバイスライドには会社のロゴとマーク、自動で切り替わる日付を配置。そのすべてをコーポレートカラーでまとめています。

業務内容＝何の問題を解決する会社であるか

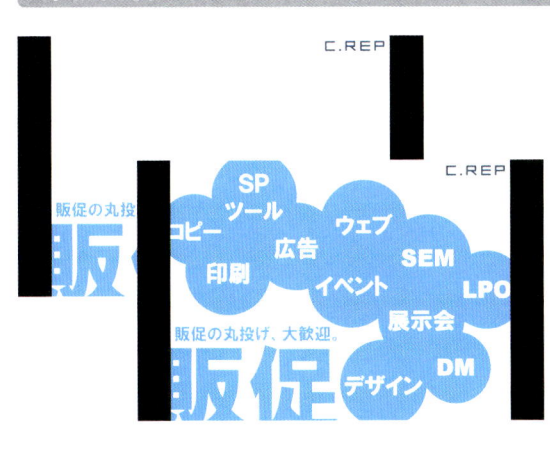

　はじめに、「業務内容＝何の問題を解決する会社であるか」を提示します。

　シー・レップの場合は、「プロモーションに関することならなんでもお引き受けしますよ！」というメッセージを1枚のスライドにしています。

差別化ポイント・特筆すべき強み

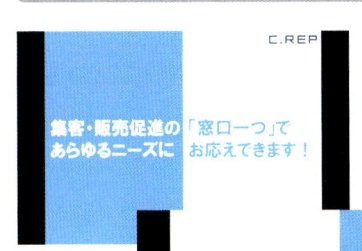

　次に、「差別化ポイント・特筆すべき強み」を提示します。

　シー・レップは、「広告もパンフレット制作もウェブのSEMも、すべて同じ窓口で対応できます！」ということをアピール。企業の販促担当者に対して、別々に発注する手間を解消できる会社であることを訴求します。

差別化ポイント・強みの裏付け・後ろ盾

主張には根拠を！

そして、「差別化ポイント・特筆すべき強み」の裏付け・後ろ盾となるものを提示します。

強みを言いっぱなしにするのではなく、その根拠・証拠・理由を示すことによって、説得力が格段にアップします。

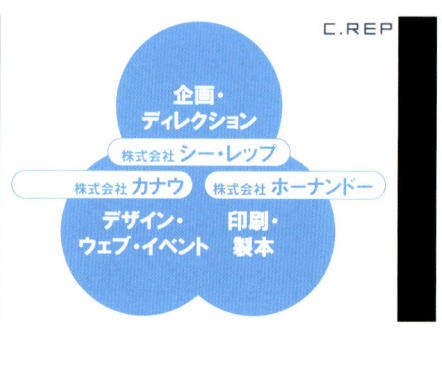

提供メリット

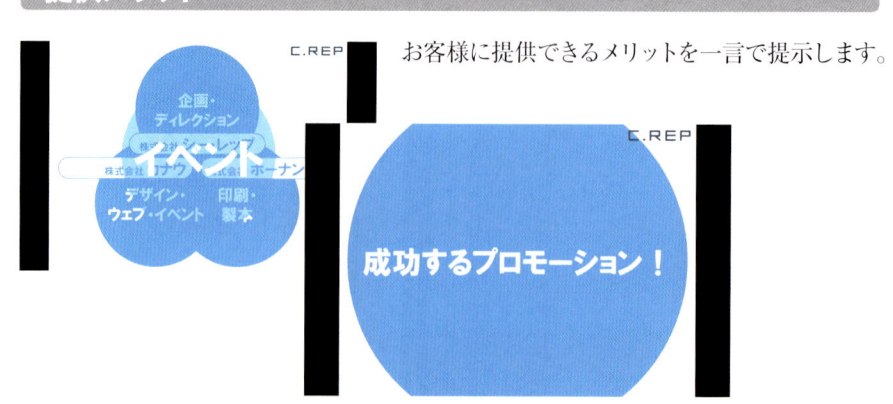

お客様に提供できるメリットを一言で提示します。

事例紹介

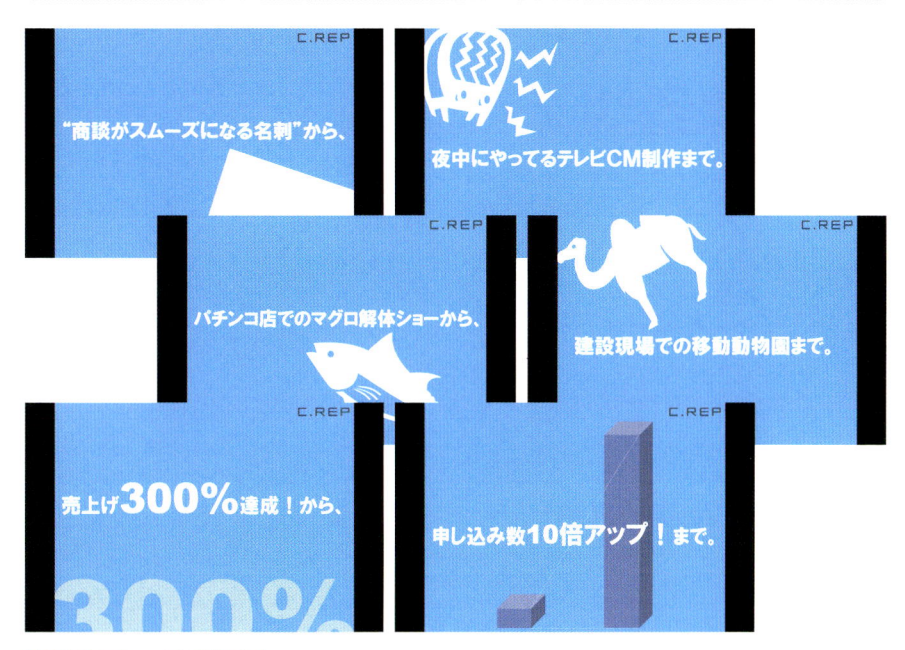

"商談がスムーズになる名刺"から、
夜中にやってるテレビCM制作まで。
パチンコ店でのマグロ解体ショーから、
建設現場での移動動物園まで。
売上げ300%達成！から、
申し込み数10倍アップ！まで。

事例をフレーズで紹介！

　ここから、「具体的な成功事例」をその概要を示すフレーズでいくつか列挙します。ここが実際の仕事に結びつく重要なポイントとなります。
　1事例を詳しく紹介するよりも、複数の事例を取り上げるように。各事例の詳細は、続けて紹介してもいいですし、後ほど問い合わせてもらうようにしてもいいでしょう。

リクエスト

全力で「効果」にアプローチします！

まずはお電話ください。
会社案内に伺います。
東京 03-5805-3335
大阪 06-6262-0999

　そして、やはり最後は、「相手にとってもらいたい行動」で締めます。
　このサンプルで用いている会社プレゼンは、ウェブサイトでダウンロード配布したものであるため、「ぜひお電話を！」という接触を求めるメッセージにしています。

05　会社プレゼンのつくりかた

「エレベーターピッチ」

という言葉をご存じでしょうか？ エレベーターピッチとは、30秒〜1分程度の短いプレゼンテーションのことです。とある起業家が、たまたまエレベーターで乗り合わせた著名な投資家に対して、自らのビジネスプランをエレベーターを降りるまでの短い時間でプレゼンし、見事チャンスをモノにした、という逸話(たとえ話？)から生まれた言葉です。

先ほどご紹介した会社プレゼンは、このエレベーターピッチを参考に構成しています。限られた短い時間のなかで、いかに必要な情報を魅力的に伝えられるか？ ただシンプルにするだけではなく、語るべき要素を選ぶことが求められます。

会社プレゼンの場合は、下記の要素で構成されています。

【会社プレゼンの構成要素】

①業務内容＝何の問題を解決する会社であるか
②競合他社との差別化ポイント＝特筆すべき強み
③お客様のメリット＝与えられる喜び

まずは「業務内容」。これは「何の問題を解決する会社であるか」ということです。オフィス向けの家具メーカーは、単に「オフィス用のイスを製造」しているのではありません。「長時間働く人の姿勢をサポートすることで働く人の健康を守り、同時に脳を活性化して業務効率をアップ」しているのです。これを短く、「働く人を元気にする」というフレーズにしてもよいでしょう。そう、この会社が行っているのは、「働く人を元気にする」という業務なのです。会社プレゼンは「会社概要」ではありません。いかに魅力的に伝わるか、そこがポイントなのです。

次は「競合他社との差別化ポイント」を述べます。これは自社の「特筆すべき強み」であることが望まれます。もしかすると、ここがもっとも見つけにくいかもしれません。が、なにかしら他社とは違う、自社独自の強みがあるはずです。過去、そして現在の「うまくいっていること」を見つめ直せば、自社の強みを発見しやすくなるでしょう。

最後の要素は、「お客様のメリット」。あくまでもお客様が喜んでくれる内容であることが前提です。これは「具体的な事例」を提示することで、より伝わりやすくなります。具体的であることは、"想像しやすい"ということでもあります。相手に導入シーンを想像させることができれば、プレゼンの成功は現実となるでしょう。

では最後に、会社プレゼンをつくる際に必要な原稿のつくりかたをご紹介しましょう。

◆ 会社プレゼンのための原稿づくり ◆

【エレベーターピッチをつくる】

エレベーター・ピッチは、次の３つの要素で構成します。

① 業務内容＝何の問題を解決する会社であるか
② 競合他社との差別化ポイント＝特筆すべき強み
③ お客様のメリット＝与えられる喜び

【例A】
① 株式会社シー・レップは、より効果的な販売促進をお手伝いする会社です。
② プロデュース〜プランニング〜プロダクトの一貫体制により、ワンストップでサービスを提供。
③ お客様の負担を減らすと共に、効果における満足度を高めます。

《手順①》

上記の【例A】にならって、貴社のエレベーター・ピッチの"原型"をつくってください。

★ポイント：できるだけ短い言葉で！★

① 業務内容＝何の問題を解決する会社であるか
（　　　　　　　　　　　　　　　　　　　　　　　　　　　　）
② 競合他社との差別化ポイント＝特筆すべき強み
（　　　　　　　　　　　　　　　　　　　　　　　　　　　　）
③ お客様のメリット＝与えられる喜び
（　　　　　　　　　　　　　　　　　　　　　　　　　　　　）

【例B】
販促の丸投げ大歓迎！ シー・レップなら窓口一つで、申込数10倍アップからマグロ解体ショーまで、販促のあらゆるニーズにお応えします。「おもしろい提案をする会社」（お客様談）。その期待と効果を裏切りません。

《手順②》

手順①で作成した文章を、上記【例B】を参考に、もう少し「具体的」で、「ひっかかりのある言葉」に書き換えてください。

★ポイント：自由な発想で、貴社らしいものを！★

●書き換え文
[　　　　　　　　　　　　　　　　　　　　　　　　　　　　　　　　　　]

《手順③》

「競合他社との差別化ポイント＝特筆すべき強み」に関する資料をご用意ください。

《手順④》

下記【例C】を参考に、貴社の成功事例を3〜6点挙げてください。

【例C】
① "商談がスムーズになる名刺"
② 夜中にやってるテレビCM制作
③ パチンコ店でのマグロ解体ショー
④ 建設現場での移動動物園
⑤ 売上げ300％達成
⑥ 申し込み数10倍アップ

●成功事例
① (   )
② (   )
③ (   )
④ (   )
⑤ (   )
⑥ (   )

《手順⑤》

下記【例D】に倣い、「相手にとってもらいたい行動」もしくは「詳細情報の入手方法」を記してください。

【例D】
まずはお電話ください。会社案内に伺います。
東京：03-5805-3335 大阪：06-6262-0999

●相手にとってもらいたい行動／詳細情報の入手方法

第3章

PowerPoint スライド制作テクニック

PowerPoint スライド制作テクニックについて

はじめに

ここからは、スライド制作テクニックを具体的にご紹介していきます。

スライド制作に使用しているスライドウェア（アプリケーション）は、「Microsoft Office PowerPoint 2007」です。よって、制作手順を示すキャプチャ画像も PowerPoint 2007 によるものですが、「PowerPoint 2010」をご利用の方でも違和感なくご参照いただけるでしょう。

しかし、PowerPoint のバージョンは、実はどうでもいいのです。いえ、PowerPoint である必要もないのです。

これからご紹介するのは、あくまでも"手法"です。PowerPoint でなくとも、同様のアプローチは可能なのです。大切なのは、アプリケーション独自の機能ではなく、その表現をつくるための考え方や工夫なのです。

ぜひそれぞれのテクニックで"見せ方"を身につけてください。そして一工夫を加えて、さらに効果的な表現を見つけてください。

活用法

この章は、頭から順番に読んでいくものではありません。必要な箇所、興味のあるテクニックを参照し、それを"活用"していくものです。

本章の主な活用法は以下の3つ。

① **第2章のサンプルプレゼンに照らし合わせて「学ぶ」**
② **スライド制作時に事典的に参照してテクニックを「取り入れる」**
③ **ダウンロードデータの部品をコピー＆ペーストして「そのまま使う」**

PowerPoint データについて

いくつかのテクニックでは、PowerPoint データをダウンロードしてご参照いただけます。

《PPT データのダウンロード方法》

▼「ダウンロードマーク」のついた PPT データがダウンロードできます。

ダウンロードマーク　　ファイル名(zip 圧縮)　　zip 解凍パスワード

| ダウンロード | 03_03.zip | 解凍パスワード | basic |

URL:http://www.seishisha.co.jp/presen/

ダウンロード URL（ダウンロードファイルのインデックス）

※ダウンロードの詳細は P34 をご参照ください。

ベーシック

01 PowerPoint のチューンアップ …P68　　02 真っ白からはじめよう …P73
03 魔法のガイドライン …P74　　04 アニメーション設定のポイント …P76
05 使えるアニメーション効果 …P78　　06 画面切り替え効果を活用する …P80

インパクト

07 横へ横へと移動する …P82　　08 スピードを調整する …P84
09 ズーム（アウト）の威力を高める …P85　　10 ルパン三世風メッセージ …P86
11 タイトルを目立たせる …P88　　12「なんとなくいい感じ」に見せる …P91
13 サブリミナル効果 …P92　　14 慣性の法則効果 …P94　　15 文字の透過 …P95
16 カーテン開閉 …P96　　17 キラリと光る …P97　　18 線を描く …P98
19 奥行きをつくる …P100　　20 カウントダウン …P102

インタラクティブ

21 もんたメソッド …P104　　22 クリックで拡大 …P106
23 ウェブ風ハイパーリンク …P108　　24 その場で時間設定 …P112
25 プレゼン演出ショートカット …P114　　26 ゾンビアニメーション …P116
27 Twitterを表示する …P118
はみだしコラム① あなたの知らないPowerPoint …P119

ユニーク

28 サーチライト効果 …P120　　29 キネティックタイポグラフィ風 …P122
30 高速プレゼン …P126　　【点取占いのつくりかた】…P128
31 PowerPoint文学 …P129　　32 錯視 …P130
はみだしコラム② 人とスライドが一体化！…P131

マテリアル

33「イメージ」の探し方 …P132　　34「音」の使い方 …P136
35「映像」の使い方 …P140　　36「GIFアニメ」のつくり方 …P143
スライド制作テクニック【番外篇】「配付資料＝スライド」のプレゼン …P146
はみだしコラム③ 意外とおちゃめなマイクロソフト …P150

01 PowerPointのチューンアップ

①インターフェースのカスタマイズ

PowerPointはインターフェース――つまり画面内のツールをカスタマイズできます。ツールを使い勝手よくカスタマイズすることによって、作業効率は大幅にアップします。

PowerPoint 2007

PowerPoint 2007の場合は、「クイックアクセスツールバー」をカスタマイズしましょう。よく使う機能を登録しておくことで、リボン操作よりも素早く作業が行えます。

手順

①「ユーザー設定画面」を開く

[Office] ボタン→ [PowerPoint のオプション] → [ユーザー設定] の順にクリックし、ユーザー設定画面を開きます。

■ユーザー設定

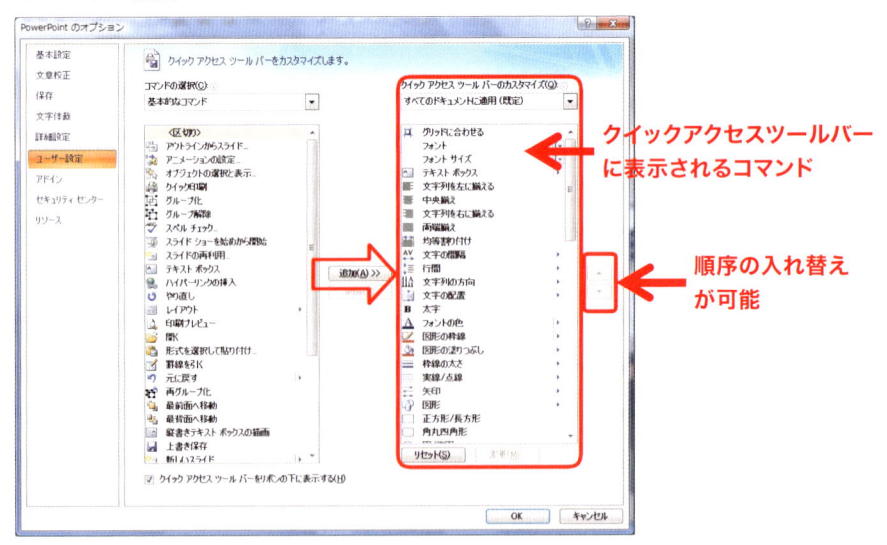

② 「クイックアクセスツールバー」にコマンドを追加

　下図を参考に、コマンドを追加してください。順序もできるだけ合わせてみましょう。

■ユーザー設定見本

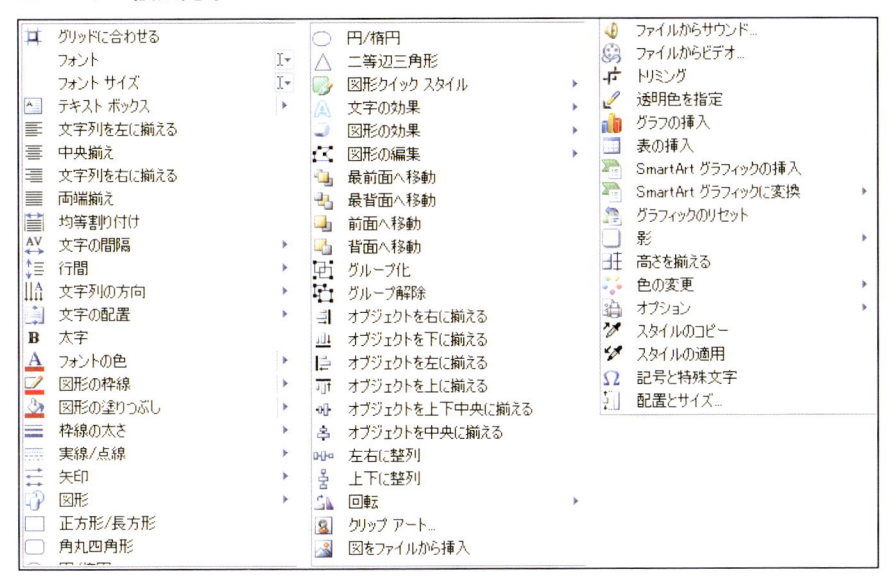

③ 「リボン」を最小化する

[リボン] 上で右クリック→ [リボンの最小化] を選ぶ

リボンを最小化することで、制作画面を広く使うことができます。

■クイックアクセスツールバーの状態

[その他のボタン] で隠れたコマンドを表示

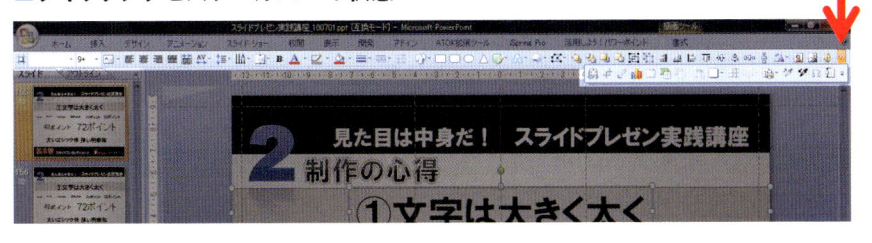

　クイックアクセスツールバーの1列に表示されるコマンドは、モニターのサイズや解像度によって異なります。実際に使いながら、自分なりにカスタマイズしていきましょう。

01 PowerPointのチューンアップ

PowerPoint 2010

　PowerPoint 2010では、リボンがカスタマイズできるようになっています。よく使うコマンドを配置するほか、独自のタブやグループを作成することも可能です。

　リボンとクイックアクセスツールバーを使い分けることで、さらに制作効率はアップします。ここでは、「コンテンツ制作」と「アニメーション設定」、それぞれの作業でインターフェースを切り替える方法をご紹介します。

【2つの作業モード】

① コンテンツ制作モード　画面を大きく使って制作に集中

　最初は、スライドの構成要素をどんどんつくっていく作業です。

　リボンは最小化し、作業画面を大きく。クイックアクセスツールバーのコマンドを使って作業を進めます。

手順

① クイックアクセスツールバーをカスタマイズする

[ファイル] → [オプション] → [クイックアクセスツールバー] を選択。

　前項（P68）「PowerPoint2007」におけるクイックアクセスツールバーのカスタマイズを参考に、必要なコマンドを配置していきます。

　基本的には2007と同じコマンドの配置でOKです。いくつか2010にしかないコマンドもありますので、使えそうなものは把握できる範囲で登録しておきましょう。

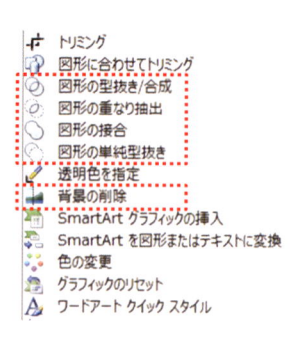

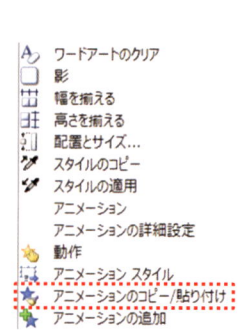

②アニメーション設定モード　アニメーション全般を効率的に設定

次の作業は、スライドの構成要素へのアニメーション設定。

アニメーション設定用にカスタマイズしたリボンを使用し、画面切り替えやスライドショーの設定も同時に行います。

手順

①リボンの「アニメーション」タブをリニューアルする

[ファイル] → [オプション] → [リボンのユーザー設定] を選択。

「アニメーション」のタブに下図のようにコマンドを追加します。アニメーション設定だけでなく、「画面切り替え」や「スライドショー」に関する設定を含めておくのがポイントです。

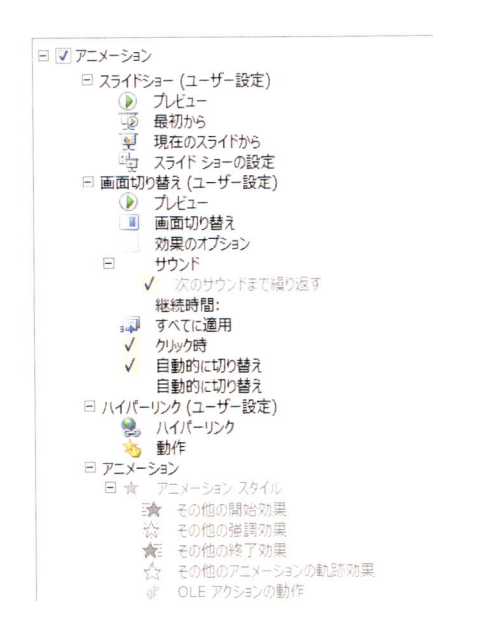

② テーマフォントのカスタマイズ

　それぞれのPowerPointファイルには「テーマのフォント」が適用されています。（初期設定では「Office」というテーマが設定されています）

　いくつかのテーマフォントを用意しておくことで、スライドのタイプ（トーン&マナー）に合わせたフォントが効率的に使えるようになります。

　まずは「ゴシックモード」と「明朝モード」の2種類を作成しておきましょう。

手順

①リボンから [デザイン] タブ→ [フォント] を選択
②最下段にある [新しいテーマのフォントパターンの作成] をクリック
③各設定フォントを下記のように設定

■ゴシックモード

見出しのフォント (英数字):
Arial Black
本文のフォント (英数字):
Arial
見出しのフォント (日本語):
HGP 創英角ゴシック UB
本文のフォント (日本語):
MS P ゴシック

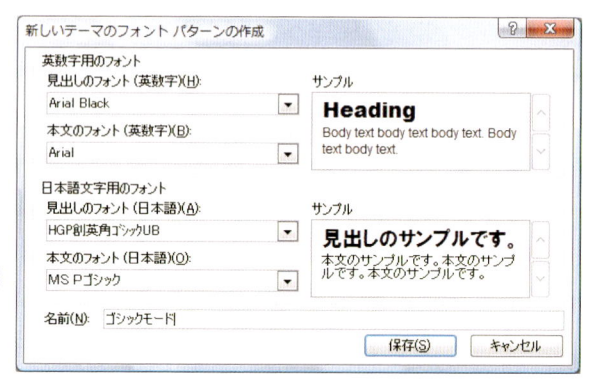

■明朝モード

見出しのフォント (英数字):
Times New Roman
本文のフォント (英数字):
Times New Roman
見出しのフォント (日本語):
HGP 明朝 B
本文のフォント (日本語):
MS P 明朝

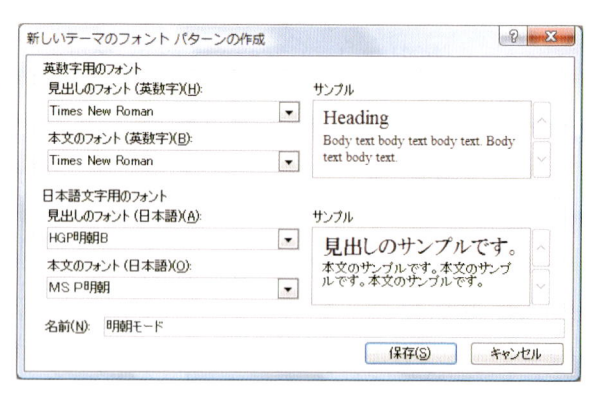

④それぞれの名前を「ゴシックモード」「明朝モード」にして保存

作成したフォントは、リボンの [デザイン] タブ→ [フォント] から選択すれば適用できます。

02 真っ白からはじめよう

スライドの制作に際して大切なこと。それは、できるだけ自由に思考できる環境です。PowerPointを起動したら、まずは制約を取り払い、真っ白なステージをつくりましょう。

手順

① 新規スライドを白紙にする
PowerPointを起動し、新規スライド画面から、「プレースホルダ」を削除し、「ノート」エリアを閉じます。

② [アニメーションの設定]作業ウインドウを表示する
[デザイン]タブ→[アニメーションの設定]を選び、アニメーションの設定作業ウインドウを表示させます。

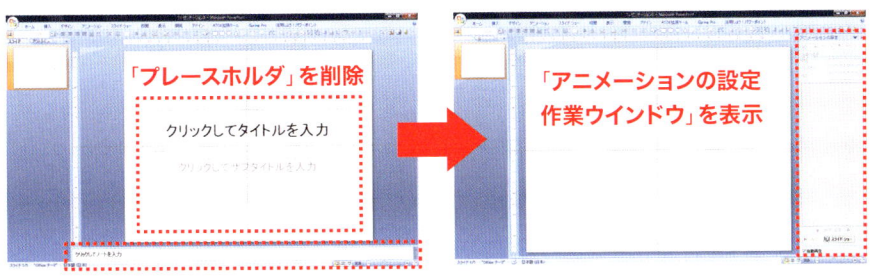

「プレースホルダ」を削除
クリックしてタイトルを入力
「ノート」エリアを閉じる

「アニメーションの設定作業ウインドウ」を表示

もう一つ、ステージをさらに自由にするためのポイントがあります。それは、初期設定で「オン」になっている[グリッドに合わせる]という機能を「オフ」にすること。これによって、オブジェクト(文字や図形・画像等)の微妙な位置調整が可能となります。

手順

① [グリッドに合わせる]コマンドを表示
P68「PowerPointのチューンアップ」を参考に、[グリッドに合わせる]コマンドをクイックアクセスツールバーに表示。

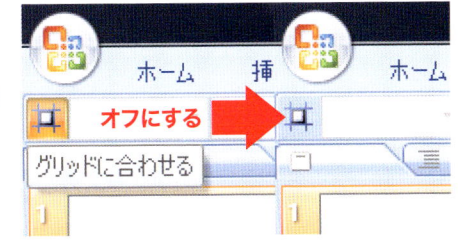

② [グリッドに合わせる]をオフにする
※クイックアクセスツールバーに登録することで、逆にグリッドに合わせたい場合はワンタッチで「オン」に。手早く作業が行えます。

オフにする
グリッドに合わせる

03 魔法のガイドライン

　自然界に存在する「黄金比」のように、目に見えない規律がそこに"美"をもたらします。
　さあ、真っ白なステージに、ミューズが舞い降りるという魔法陣を描きましょう。

手順

①ガイドラインを表示する
「スライド内を右クリック→ [グリッドとガイド] → [ガイドを表示] のみにチェック
② 3種類のガイドラインをひく
表示されているガイドラインを「Ctrl を押しながら左クリック」し、下図に記した位置までドラッグしてください。
このとき、[グリッドに合わせる] (P73参照)のオン／オフを使い分けると、位置を合わせやすくなるでしょう。

■魔法のガイドライン（4:3サイズ）

①外枠（赤色）②中心線（青色）③三分割線（緑色）

①の**外枠**は、オブジェクト（文字や図形・画像等）が画面の端ぎりぎりに配置されるのを防ぐためのガイドラインです。

②の**中心線**は、上下左右を対とした「二分割」の見せ方をしたいときの基準線となります。二分割、と言っても、シンメトリー（左右対称）にする必要はありません。二分割でも十分、デザインの均衡を崩してインパクトを与えることができます。

③の**三分割線**は、スライドデザインに「動き」をもたらすための枠組みです。線分およびその交点、9つのボックスなど、それぞれをデザインの基準として設定できます。ポイントは「どのエリアに余白をとるか？」を考えること。メッセージに視点を導くために、「余白」をデザインの一要素として活用しましょう。

■ 魔法のガイドライン（16：9サイズ）

| 6.60 |
12.00	2.20	4.00	4.00
		0.00
	2.20
			12.00
		6.60

まずは理屈ではなく感覚で使ってみてください。使っているうちに、自分なりの理論が生まれてくるはずです。あまり囚われすぎないことも、魔法を使いこなすコツと言えるでしょう。

【注意！】

プラズマディスプレイや液晶テレビで表示した際、PowerPointデータの上下左右の端が隠れて表示されないことがあります。これらの機器を使用する場合は、画面全体の80〜90％以内でデータを作成する必要があります。

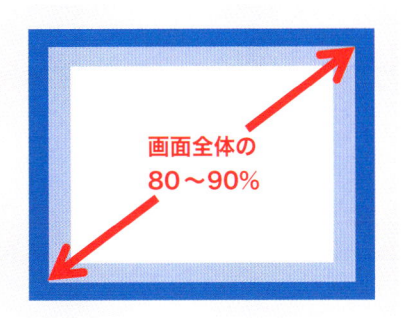

画面全体の80〜90％

04 アニメーション設定のポイント

　本書が提唱する「見た目がすごいプレゼン」に、アニメーション効果は欠かせません。欠かせないどころか「命」と言ってしまってもいいでしょう。
　スライド制作において重要な位置づけとなるアニメーション効果の設定。ちょっとしたポイントに留意することで、作業効率やプレゼンの効果は格段にアップします。

アニメーション設定 2 つのポイント

1. 整然と並べるべし

　アニメーション効果の設定においては、一つひとつのアニメーションを理路整然と、秩序をもって並べることが大切です。すなわち、[アニメーションの設定]作業ウインドウには、アクションの順序に従って上から下へと効果が並び、それぞれのアクションは「クリック時」「直前の動作と同時」「直前の動作の後」で指定されている、といった状態であることが理想です。

悪い例　　　　　　　　　　　**良い例**

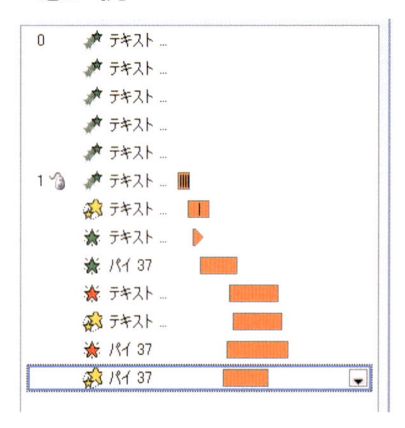

　たまに、[時間配分]のタイムラインをマウスで伸ばしたり縮めたりしてアニメーションのタイミングを決めている人がいますが、これは美しくありません。やはり基本は上から下へと秩序正しく流れるアニメーションです。タイムラインの表示は確認程度にとどめ、後から見ても混乱しないように、もしくは自分以外の人が見ても流れがわかるように、アニメーションの順番がわかる設定を心がけましょう。

2. 数字を打ち込むべし

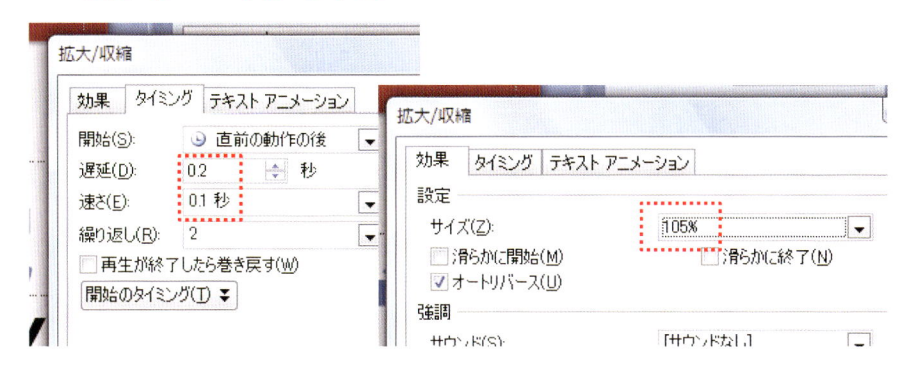

　[効果のオプション]や[タイミング]設定のときに現れるダイアログ。そこでは各種設定がポップアップ形式で"選択"できるようになっています。が、ここだけの話、実はそのボックスには「数字」を打ち込むことができます。ポップアップの選択では不可能な、「0.1秒」や「0.2秒」といった細かい数字の設定が可能なのです。

　「普通」「速く」「さらに速く」といった選択肢に囚われる必要はありません。最適な速度、気持ちの良い間合いを"数字"で設定していきましょう。

　さて、アニメーション設定のポイント、その最後に、奥義とも言うべきポイントをこっそりと記しておきます。

　それは、「アニメーションであることを意識させない設定」です。

　いかにもアニメーション！という設定は避け、意味と流れを酌んだ自然なアニメーションを心がけましょう。

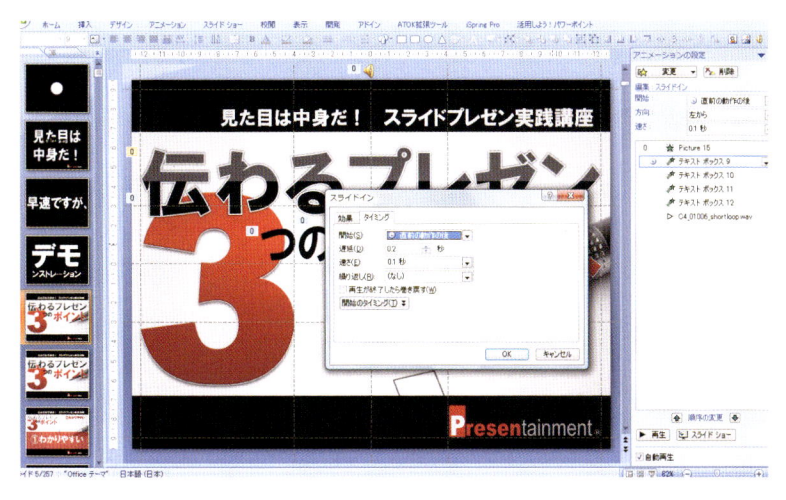

05 使えるアニメーション効果

　PowerPointには、豊富な種類のアニメーション効果が用意されています。それらは、[開始][強調][終了][アニメーションの軌跡]というジャンル、[ベーシック][巧妙][控えめ][はなやか]といったタイプに分類されており、目的に応じた効果が選べるようになっています。

　が、実際にはほんの数種類しか使わないことがほとんどです。その数種類で十分伝えられるからです。たくさんあるからといって、なんでもかんでも駆使すればよい、というものではありません。

■ [開始]効果

ベーシック		巧妙		はなやか	
アピール	くさび形	エクスパンド	フェード	カーブ (上)	グライダー
クロールイン	サークル	フェードとズーム	フェードとターン	クレジット タイトル	スイッシュ
ストリップ	スプリット	控えめ		スパイラルイン	スリング
スライドイン	チェッカーボード	アップ	アンフォールド	スレッド	ターン
ディゾルブイン	ピークイン	イーズイン	グローとターン	バウンド	ピンウィール
ひし形	ブラインド	コンプレス	ズーム	ブーメラン	フォールド
プラス	フラッシュ	ストレッチ	スピナー	フリップ	フロート
ホイール	ボックス	タイピング カラー	ダウン	ホイップ	マグニファイ
ランダム	ランダムストライプ	ライズ アップ	リボルブ	ライト スピード	
ワイプ					

■ [強調]効果

ベーシック		巧妙		控えめ	
スタイルの変更	スピン	カラー コントラスト	カラーウェーブ	カラーで拡大	シーソー
フォント サイズの変更	フォントの色の変更	カラーブラシ	カラーブレンド	シマー	明滅
フォントの変更	拡大/収縮	フラッシュ バルブ	ボールドフラッシュ	はなやか	
線の色の変更	塗りつぶしの色の変更	暗く	下線ブラシ	ウェーブ	スタイル強調
透過性		線にハイライト	薄く	ブリンク	太字表示
		補色	補色 2	爆破	
		明るく			

■ [終了]効果

ベーシック		巧妙		はなやか	
くさび形	クリア	コントラクト	フェード	カーブ (下)	グライダー
クロールアウト	サークル	フェードとズーム	フェードとターン	クレジット タイトル	スイッシュ
ストリップ	スプリット	控えめ		スパイラルアウト	スリング
スライドアウト	チェッカーボード	アップ	アンフォールド	スレッド	ターン
ディゾルブアウト	ピークアウト	イーズ アウト	グローとターン	バウンド	ピンウィール
ひし形	ブラインド	ゴム	コラプス	ブーメラン	フォールド
プラス	フラッシュ	シンク	ズーム	フリップ	フロート
ホイール	ボックス	スピナー	タイピング カラー	ホイップ	マグニファイ
ランダム	ランダムストライプ	ダウン	リボルブ	ライト スピード	
ワイプ					

では、その「使えるアニメーション効果 Best 5」をジャンルごとにご紹介しましょう。

使えるアニメーション効果 Best 5 ①開始

1位 ズーム — いろんな顔を持つ"多才"な効果!「イン」と「アウト」の使い分けでさまざまな表現に対応できます。

2位 フェードとズーム — 登場を演出する奥行きある表現。シンプルにしてインパクトの大きいアニメーションの定番効果!

3位 スライドイン — 流れるメッセージで注目度アップ! 8方向からのフレームインによってメッセージの意味を強めます。

4位 ディゾルブイン — じわっと表示されて期待感を創出。映画やテレビでもよく使われている映像技法の代表格!

5位 アップ — 堂々と立ち昇ってくる力強さ!「解決策の提示」や「登場感」など、ドラマチックな展開に効果的です。

使えるアニメーション効果 Best 5 ②強調

1位 拡大／収縮 — [開始][終了]効果との合わせ技で、オブジェクトのズームイン／アウト効果をパワーアップ!

2位 フラッシュバルブ — ボワッとほのめく一瞬のアピール。思わず注目してしまう強調効果の代表選手!

3位 スピン — 回転の方向も回数も速さも自由自在。[開始][終了][軌跡を描く]効果との相性も抜群!

4位 ブリンク — 速度を調節すれば、サブリミナル的フラッシュ効果に! さらりと使える隠し味的強調効果!

5位 透過性 — 写真やイラストも思いのままに透過! 透過したオブジェクトを重ねて奥行きのある表現に!

使えるアニメーション効果 Best 5 ③終了

1位 ゴム — 横にびよ～んと伸びてかき消えていく映像的な効果! 終了効果にしてインパクト絶大!

2位 ズーム — 飛び出したり遠ざかったりの豊富なバリエーション! スライド内に奥行きをつくります!

3位 スライドアウト — 左へ右へ、上へ下へ。時間軸や方向性を感じさせる表現で、プレゼンの展開を演出します!

4位 フェード — スーッと自然に消えていく安心感。まさに終了効果の代名詞! 飽きを感じさせず汎用的抜群です!

5位 ダウン — 沈むように、あるいは立ち去るように消えていく、哀愁溢れる終了効果!

06 画面切り替え効果を活用する

「スライドに動きをつける」となると、どうしても「アニメーション効果」に目が行きがちです。が、この「画面切り替え(トランジション)効果」もアニメーション効果と同じくらいに活用できるアクション機能です。AppleのKeynoteやPowerPoint 2010では、非常に凝った画面切り替えが設定できます。

そして画面切り替えは、「組み合わせ」を工夫することで、さらに強力な威力を発揮します。そう、プレゼンをおもしろく、効果的に見せることができるのです。

その例を一つだけご紹介しましょう。画面切り替えの威力を実感できるはずです。

一つのシーンを左右に分けて移動する(画面切り替え効果:プッシュ)

ダウンロード 03_06_01.zip **解凍パスワード** gamen
URL:http://www.seishisha.co.jp/presen/

まず、上図のように1枚の画像を左右に分割し、それぞれを1枚のスライドとして制作していきます。

次に、左右のスライドを画面切り替え効果「プッシュ」でつなぎます。使用するのは、「プッシュ(左へ)」と「プッシュ(右へ)」のみでOK。

これをスライドショーで見てみると、左右の人が対話をしているように見えます。次の展開が気になる、魅力的なスライドのできあがりです。パラパラとめくれるような"PowerPointぽさ"はここにはありません。

見ている人は、このワイドなシーンを感じています

行ったり来たりと、プレゼンをテンポよく進行できます

画面切り替え効果だけでも十分におもしろく目新しい見せ方がつくれます。画面切り替え効果とアニメーション効果を組み合わせて考えることで、表現のバリエーションは大きく広がるでしょう。

「プッシュ」の採用によって、一つの絵の中を自在に動き回ることが可能になります。

画面切り替え効果をうまく使えば、少ないアニメーション設定でも動きと広がりのある展開をつくれます。

07 横へ横へと移動する

PowerPointクリエイティブにおいて、もっとも多用するテクニック——それがこの「横へ横へと移動する」という見せ方です。

あのペラペラとめくれていく"PowerPoint的"な見え方から脱却し、連続性を感じさせるスムーズなスライド展開を可能にします。

ダウンロード 03_07_01.zip **解凍パスワード** yokoe
URL:http://www.seishisha.co.jp/presen/

文字が左へとスライドアウト　　　　　　　　　文字が右からスライドイン

メッセージが右から左へとどんどん流れていきます！

手順

①右からスライドインするメッセージを作成
メッセージに下記のアニメーションを設定。
効果：[開始] スライドイン
方向：右から
速さ：0.2秒

画面切り替えを下記のように設定。
効果：スムーズフェード
速度：速く
タイミング：[クリック時] のみチェック

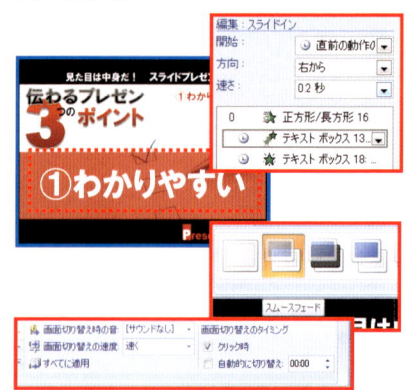

②①のスライドをコピーし、「経過スライド」を作成　**ここがポイント！**

「経過スライド」とは、スライドの切り替わりを演出するスライドです。

今回の「横へ横へと移動する」テクニックの場合、経過スライドは、「スライドインで登場させたメッセージを、スライドアウトで消去する」という役割になります。

■ **経過スライドの設定**

【画面切り替えの設定】
効果：なし
速度：速く
タイミング：[自動的に切り替え]0秒

【アニメーションの設定】
効果：[終了] スライドアウト
方向：左へ
速さ：0.2秒

★ 画面切り替えを「自動／0秒」に設定することにより、
アニメーションが終了すると同時に次のスライドに切り替わります ★

③この①②を繰り返しながらスライドを作成

「①スライドインで右から登場 → ②スライドアウトで左へと消去（経過スライド）」を1セットとして、必要枚数のスライドを作成します。

※ただし、②以降の「登場スライド」の画面切り替え効果は「なし／速度：速く」にする

■ **スライド一覧**

自動で切り替わっていく経過スライドを挟み込むことで、横へ横へと流れる表現に！

08 スピードを調整する

「04アニメーション設定のポイント」(P76)で紹介しているように、各種設定のダイアログでは「数値」でタイミングや回数を指定することができます。

とりわけタイミングの設定では、数値による指定が不可欠。[普通][速く][さらに速く]等のあらかじめ用意されている設定では不可能な表現が可能になります。

ダウンロード 03_08_01.zip　**解凍パスワード** speed
URL:http://www.seishisha.co.jp/presen/

4種類の文字が左右から素早くスライドイン！

手順

① 4つの文字のアニメーションおよびそのタイミングをそれぞれ下図のように設定

「伝わるプレゼン」	「3」	「つの」	「ポイント」
スライドイン：左から	スライドイン：右から	スライドイン：左から	スライドイン：右から
遅延 0.2秒 速さ 0.1秒	遅延 0.3秒 速さ 0.1秒	遅延 0.4秒 速さ 0.1秒	遅延 0.5秒 速さ 0.1秒

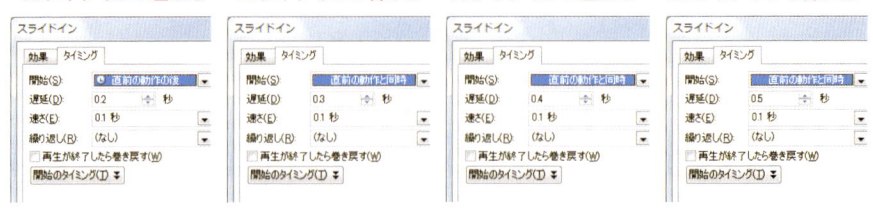

それぞれ0.1秒の速度で、0.1秒間隔でスライドイン

09 ズーム（アウト）の威力を高める

[開始]効果のなかでもとりわけインパクトの強い表現「ズーム（アウト）」。眼前にいきなり出現するその迫力はまさに圧倒的です。

このインパクトを、なんとさらにアップしてしまおうというテクニック。破壊力抜群です。

ダウンロード 03_09_01.zip [解凍パスワード] zoom
URL:http://www.seishisha.co.jp/presen/

突如現れたメッセージが、効果音と共にバウンドして着地。

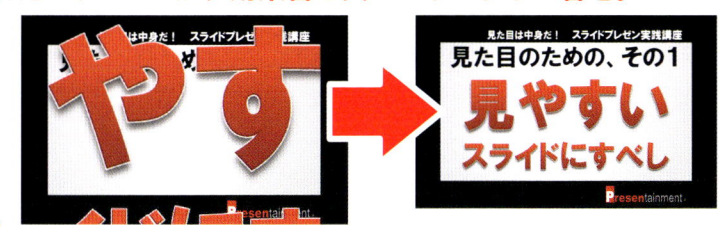

手順

①文字に[ズーム（アウト）]を設定
メッセージに下記のアニメーションを設定。
効果:[開始]ズーム（アウト）
速さ:0.1秒
サウンド:「刀」の効果音を設定
　　　　※効果音の初期設定に入っている
　　　　「爆弾」「爆発」でも構いません。

②文字に強調効果の[拡大/収縮]を追加
メッセージに下記のアニメーションを追加。
効果:[強調]拡大/収縮
サイズ:105%
　　　　※「オートリバース」にチェック
タイミング:直前の動作の後
速さ:0.1秒
繰り返し:なし

「105%×0.1秒×オートリバース」の拡大／収縮効果がインパクトの秘密！

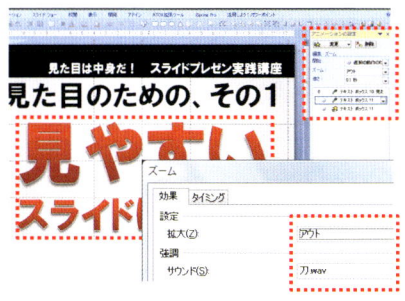

10 ルパン三世風メッセージ

そう、あれですあれ。あのタイトルコールに使われている有名な表現。だれしもの記憶に焼き付くあのインパクトを、そのままプレゼンの手法に導入してみましょう。

ダウンロード 03_10_01.zip　**解凍パスワード** lupin
URL:http://www.seishisha.co.jp/presen/

ご存じ、この表現！

見た目のための

見た目は中身だ！　スライドプレゼン実践講座
見た目のための3つのポイント

Presentainment

> 手順

①大書きするフレーズのスライドを作成

黒い背景に白で文字を書きます。(1スライド1文字)
アニメーションは不要。画面切り替えを下記のように設定してください。

【画面切り替えの設定】

効果：なし
速度：速く
タイミング：[自動的に切り替え]0.1秒
音：タイプライター

※画面切り替えの音は「タイプライター」を選択

※ここに「0.1」と打ち込んでください

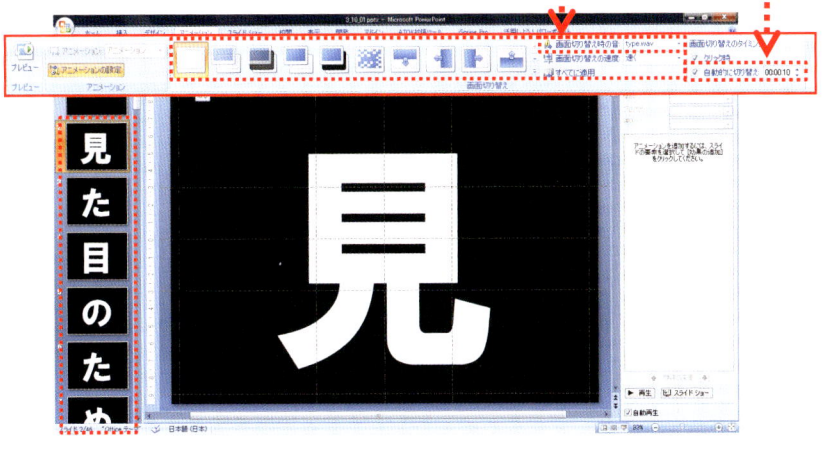

※すべて同じ設定で作成

②決めフレーズのスライドを作成

大書きフレーズに続く「決めフレーズ」のスライドです。
背景色・文字色共に特に指定はありません。
ここもアニメーションは不要。画面切り替えを下記のように設定してください。

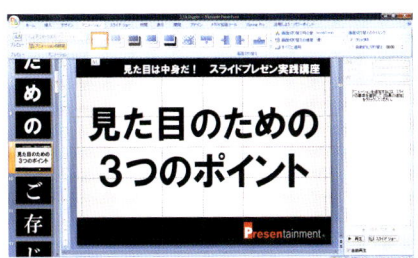

【画面切り替えの設定】

効果：なし
速度：速く
タイミング：[クリック時]のみチェック
音：爆弾・爆発など

色・フォント・音・画面切り替え効果など、いろんなパターンを試してみましょう。

11 タイトルを目立たせる

「タイトル」や「キャッチフレーズ」扱いのフレーズは、やはり見た目にも"特別感"を持たせたいものです。

ここでは、タイトルまわりを目立たせる演出テクニックをいくつかご紹介しましょう。

ダウンロード 03_11_01.zip　解凍パスワード　medatsu
URL:http://www.seishisha.co.jp/presen/

映画風の幕開け

上映開始を思わせるブザー音と、幕が開くような画面切り替えでタイトルオープン。

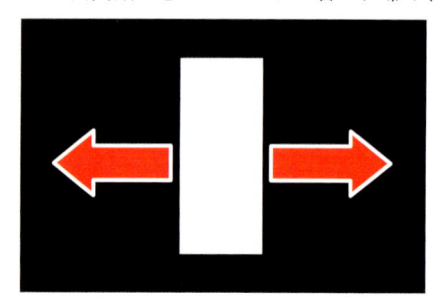

【画面切り替えの設定】
効果：スプリットワイプアウト（横）
速度：遅く
画面切り替えの音：ブザー音

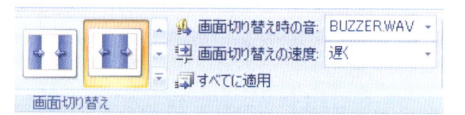

語りかける文字

「[開始]フェード」+「文字単位で表示」は、語りかけるような見せ方の常套手段。聴き手をスライドの特定箇所に注目させるのにも効果的です。

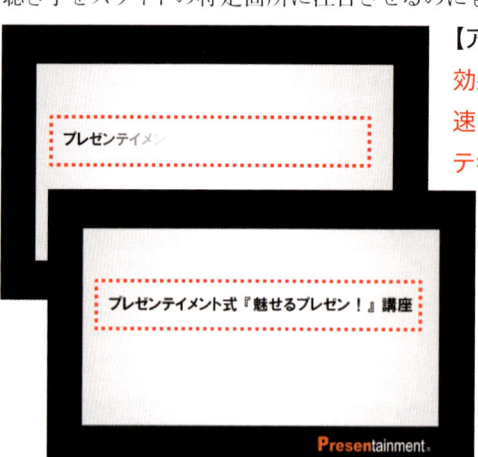

【アニメーションの設定】
効果：[開始]フェード
速さ：速く
テキストの動作：文字単位で表示
　　　　　　　10%文字間で遅延

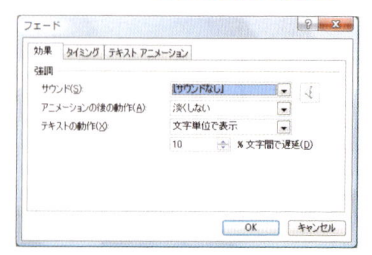

びっくりさせる文字

[開始]ズーム(アウト)は、眼前にいきなりオブジェクトを提示するインパクトの強い効果。フレーズを文字単位でたたみかけると、さらに"驚き度"がアップします。

【アニメーションの設定】
効果:[開始]ズーム(アウト)
速さ:さらに速く
テキストの動作:文字単位で表示
　　　　　　　20％文字間で遅延

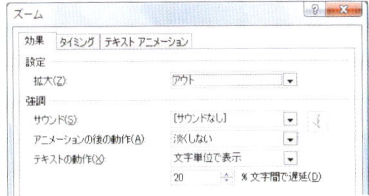

飛び出してくる文字

ボワッと飛び出しながら消えていく文字。これはいくつかのアニメーションを重ねて表現しています。応用しやすいテクニックなので、ぜひともマスターしておきましょう。

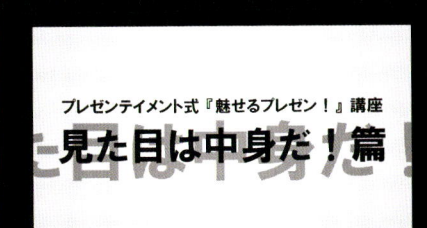

【アニメーションの構造】
①ズーム(アウト)で登場させた文字
　→タイトルとして残る
②飛び出しながら消えていく文字
　→終了効果で消える

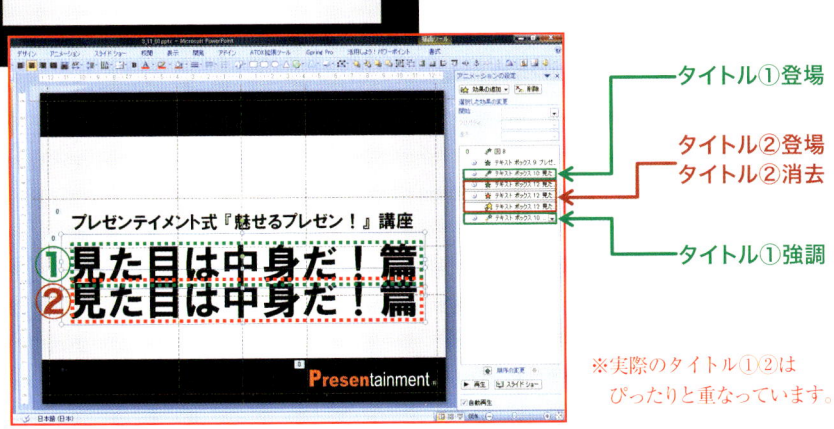

- タイトル①登場
- タイトル②登場
- タイトル②消去
- タイトル①強調

※実際のタイトル①②はぴったりと重なっています。

11 タイトルを目立たせる

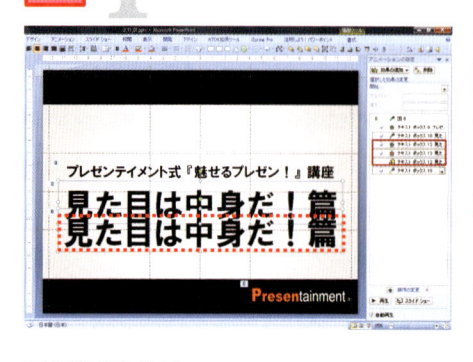

【飛び出して消える文字のつくりかた】

手順

①消去用の文字をアピールで登場させる

タイトルの文字をコピーし、

[開始] アピール（直前の動作の後）

を適用。タイトルの上にぴったりと重ねる。

②消去用の文字に [強調][終了] 効果を設定

消去用の文字に下記の２つの効果を設定し、同時に効果が始まるようにします。

■ [強調] 効果

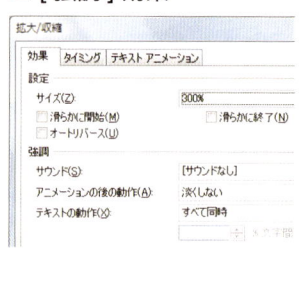

[強調] 効果
効果：拡大 / 収縮
サイズ：300%
速さ：普通
テキストの動作：すべて同時

■ [終了] 効果

[終了] 効果
効果：フェード
速さ：普通
テキストの動作：すべて同時

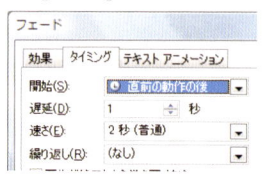

瞬く文字

最後にとどめの一撃。[強調] 効果でタイトルをキラリと瞬かせます。

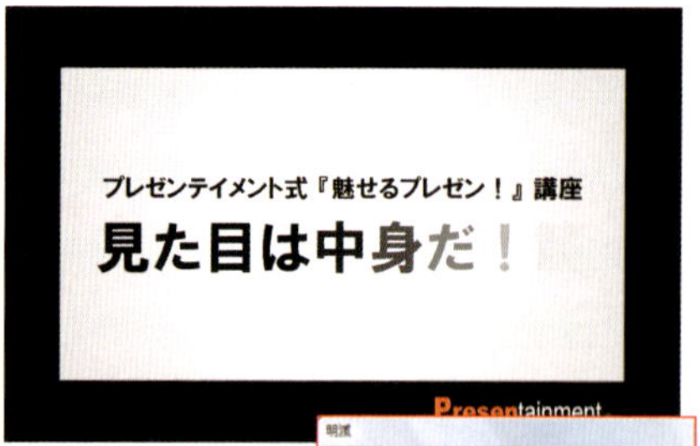

【アニメーションの設定】
効果：[強調] 明滅
色：白
速さ：0.2秒
テキストの動作：文字単位で表示
10%文字間で遅延

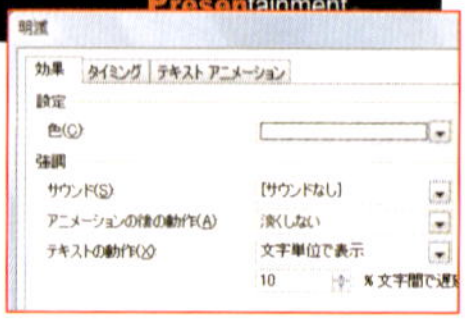

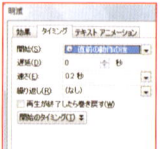

12 「なんとなくいい感じ」に見せる

言われなければ気づかないほど些細なことが、印象を大きく左右することがあります。そんな些細な、しかし効果絶大の"小技"をご紹介します。

ダウンロード 03_12_01.zip　**解凍パスワード** gradation
URL:http://www.seishisha.co.jp/presen/

Before　　　　　　　　　　　**After**

見た目のための
3つのポイント

上図「Before」と「After」の違いがおわかりになりますでしょうか？
実は「After」には、下図のような淡い放射状の「グラデーション」が敷いてあるのです。映像でよく使われるこの手法。スライドプレゼンにも取り入れてみましょう。

【なんとなくいい感じに見えるグラデーションのつくりかた】

画面と同サイズの四角形を描き、下記のように「塗りつぶし（グラデーション）」を設定します。

種類：放射 / 方向：中心から

〈分岐点1〉
分岐点：0%
色：黒
透過性：100%

〈分岐点2〉
分岐点：100%
色：黒
透過性：85%

色は黒以外でもOK。色に合わせて分岐点2の透過性を調節してください。

13 サブリミナル効果

　見る人が意識できないレベルでイメージを提示し、意識にすり込んでいくという「サブリミナル効果」。映画やテレビでは使用を禁止されている手法ですが、ここで取り上げるテクニックはそれほど危ないものではありません。なぜなら、意識できるものだから。

　一瞬パッと目の前に現れる"サブリミナルっぽい"見せ方をご紹介しましょう。

　（ちなみに、意識できるレベルの刺激は「スプラリミナル知覚」と呼ばれるそうです）

ダウンロード 03_13_01.zip　**解凍パスワード** Subliminal
URL:http://www.seishisha.co.jp/presen/

文字が短く明滅！

【サブリミナル効果の構造】

① ②

〈構成要素〉
画面を覆う①黒い四角形とその上に乗る②白い文字で構成。

〈アニメーションの流れ〉

白背景に白文字で②の文字が登場

白文字の後ろに②の黒い四角形が出現。白文字が浮かび上がる

次の瞬間、黒い四角形が素早くフェードアウト。浮かび上がった文字が消えていく

その後、黒い四角形が短く点滅。瞬間的に白い文字が現れる

【サブリミナル効果のつくりかた】

手順

① 画面を覆う黒い四角形を描き、その上に白文字でタイトルを書く

② 白文字を登場させる

[開始] アピール（直前の動作の後もしくは直前の動作と同時）

③ 黒い四角形を表示し、白文字を浮かび上がらせる

黒い四角形に [開始] アピール（直前の動作の後）を設定。

④ 文字をフェードアウトさせる

黒い四角形に [終了] フェード（直前の動作の後 / 速さ：さらに速く）を設定。

⑤ 文字を明滅させる

黒い四角形に [強調] ブリンク（直前の動作の後）を設定。
タイミングは下記のとおり。

〈ブリンク1回目〉

遅延 :0 秒

速さ :0.1 秒　　　　　　　　　　　（1回目）

繰り返し :2

「再生が終了したら巻き戻す」にチェック

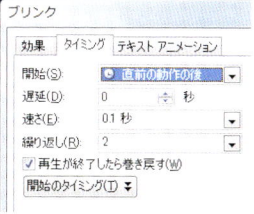

〈ブリンク2回目〉

遅延 :0.5 秒

速さ :0.2 秒　　　　　　　　　　　（2回目）

繰り返し :3

「再生が終了したら巻き戻す」にチェック

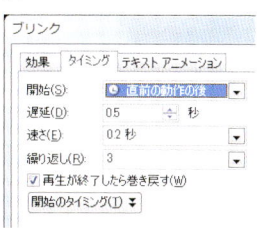

フラッシュバック

　サブリミナル効果のテクニックを応用すれば、イメージが瞬間的に現れる「フラッシュバック」も作成できます。

　つくりかたは簡単。画像を [開始] アピールで登場させた直後に、[終了] フェード（速さ：普通）で消すだけ。それをたたみかけるように繰り返せばOKです。

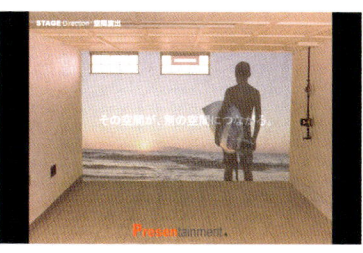

14 慣性の法則効果

　画面の横から飛び出してきた文字。しかし、その勢いを抑えられずにゆっくりと進んでいく——というのは映像でもよく使われる手法。PowerPointでも同じ効果がつくれます。

ダウンロード 03_14_01.zip　**解凍パスワード** kansei
URL:http://www.seishisha.co.jp/presen/

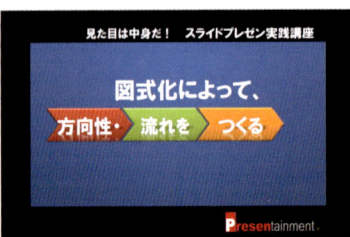

手順

①飛び込んでくる文字を作成

フレームインしてくる文字は[開始]スライドインを設定。素早く飛び込んでくる感じをつくるために、速さを「0.1〜0.2秒」に設定するのがポイント。

効果:[開始]スライドイン(左から)
速さ:0.2秒

設定のポイントは、「滑らかに○○」のチェックを外しておくこと。

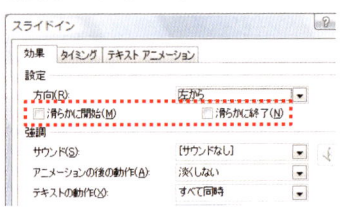

②動き続ける効果の作成

[アニメーションの軌跡]を設定。ゆっくりと短く動かすのがポイント。

効果:[アニメーションの軌跡]直線(右へ)
速さ:さらに遅く

こちらも「滑らかに○○」のチェックは外す。

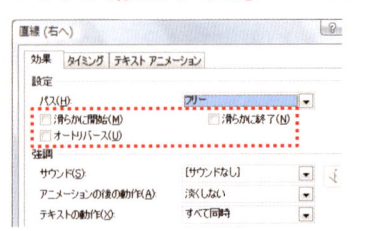

15 文字の透過

意外と設定方法を知られていない「文字の透過」。ややもすると目立ちすぎるくらい大きな文字を扱うスライドプレゼンでは、ぜひ知っておきたいテクニックです。

ダウンロード 03_15_01.zip　**解凍パスワード** touka
URL:http://www.seishisha.co.jp/presen/

文字をドラッグで選択！

手順

①文字を書く
透過させたい文字を書きます。文字は太く大きいものに。文字数はできるだけ少なく。

②文字を選ぶ
テキストボックスを選択するのではなく、**文字の部分をドラッグして選択**してください。（ここがポイント！）

③テキスト効果を設定する
ドラッグ選択した文字の上で右クリックし、**「テキスト効果の設定」**を選びます。テキスト効果の設定ダイアログで**「文字のぬりつぶし」**を選び、透過性を調節します。

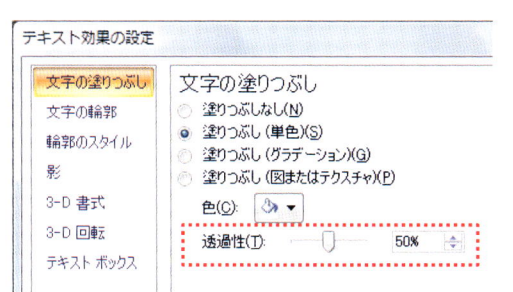

16 カーテン開閉

イベントが始まることを「幕開け」「開幕」と表現します。プレゼンというイベントにも、幕が開いたり閉じたりといったイメージはいかがでしょう？

ダウンロード 03_16_01.zip　**解凍パスワード** curtain
URL:http://www.seishisha.co.jp/presen/

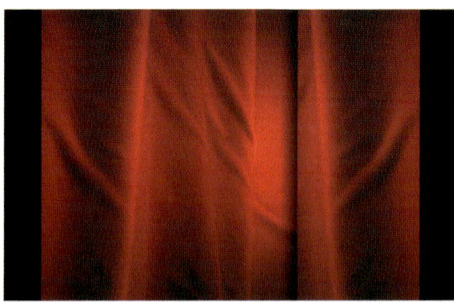

これはデータをそのまま「素材」としてご活用ください。データは4:3サイズで作成していますが、16:9サイズに変形しても違和感なく使えるかと思います。

さて、この「カーテン開閉」ですが、私自身が「ネタ素材」としてよく"使いまわして"いるものです。

このような「ネタ」をたくさん用意しておくことで、スライド制作の効率が驚くほどアップします。

本章でご紹介しているテクニックでも、文字を書き換えればそのまま使えるような「ネタ」がいくつかあります。それを自分なりにアレンジするもよし、データをそのままコピペするのもよし。とにかく"持ちネタ"を増やすよう心がけましょう。

そう、私たちの目的はあくまでも「プレゼンで相手を動かすこと」であり、「スライド制作」ではないからです。

……と言いつつ、スライド制作自体も単純に楽しかったりするのですけどね。

17 キラリと光る

相手の未来を輝かせるためのプレゼンは、文字どおり輝いているように見せたいもの。ということで、あまりにもストレート、それだけに威力のある表現テクニックをご紹介。

ダウンロード 03_17_01.zip **解凍パスワード** kirari
URL:http://www.seishisha.co.jp/presen/

これも「16カーテン開閉」と同様のネタ素材です。まさに見たままの「キラリ」。とにかく"輝かせたい部分"に貼り付けてください。

つくりかたもご紹介しておきましょう。

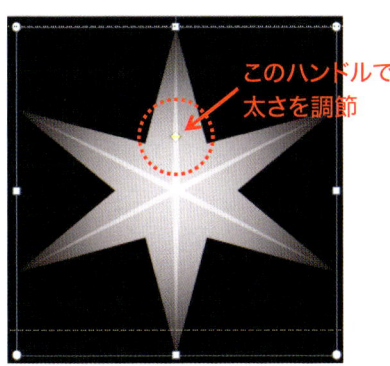

手順

①輝きを描く

[図形]のなかから[星とリボン]>[星6]を選び、白色で星を描きます。星の幅を細くし、放射状のグラデーションで輝きの先端を少しぼかすと、それっぽい輝きのできあがりです。

②アニメーションを設定

基本の流れは下記のとおり。

[開始] アピール
[強調] スピン(右回り)
[終了] スピナー

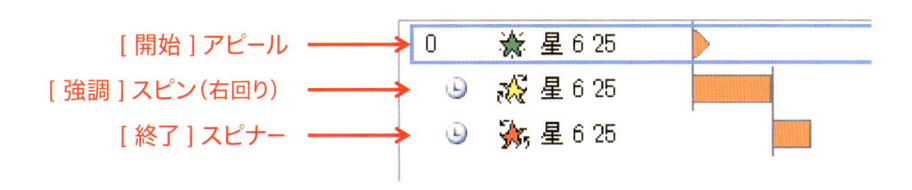

[開始] アピール →	0 ★ 星 6 25	
[強調] スピン(右回り) →	★ 星 6 25	
[終了] スピナー →	★ 星 6 25	

スピンの回転数や速度を調整すると、輝きの雰囲気が変わります。

このハンドルで太さを調節

18 線を描く

　まるでだれかが手で線を描いているようなアニメーション。文字やイラストのアウトラインを描画します。デジタルなのに、少しアナログ。そんな雰囲気を演出しましょう。

ダウンロード 03_18_01.zip　**解凍パスワード** senbyo
URL:http://www.seishisha.co.jp/presen/

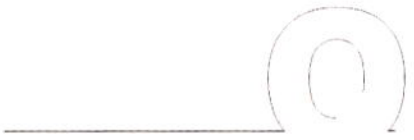

左から右へと文字のアウトラインが描かれていきます。

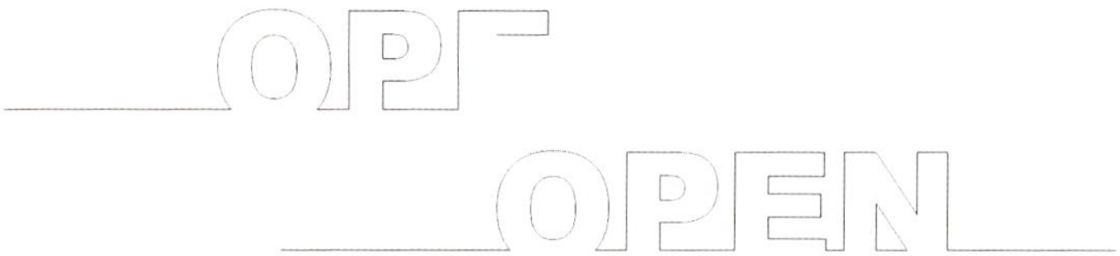

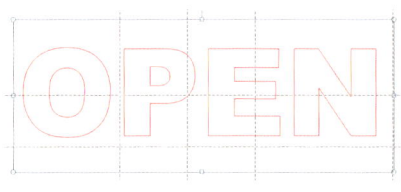

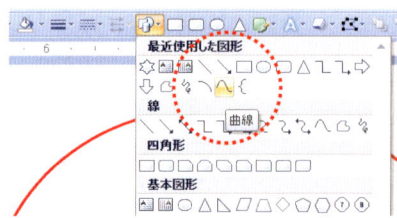

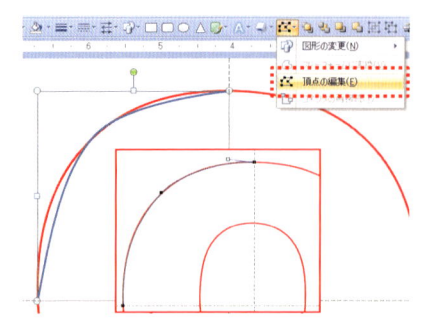

手順

① 下絵を配置

下絵となる文字や図形を描きます。文字の場合は、塗りを「輪郭」だけにしておきます。

② 線を描く

図形の [曲線] あるいは [直線] ツールを使って下絵の上に線を描いていきます。

★線描のポイント★

線は「方向」ごとに区切って作成します。
設定する方向は、

下から／左から／右から／上から
左下へ／左上へ／右下へ／右上へ

の 8 方向です。

描いた線は、[頂点の編集] で微調整します。また、すでに描いた線と同じような線は、ゼロから描かず、コピー＆ペースト＆頂点の編集で効率よく描きましょう。

方向ごとに線を区切って作成　線が描かれていくイメージを思い描きながら、線を区切って描きましょう。

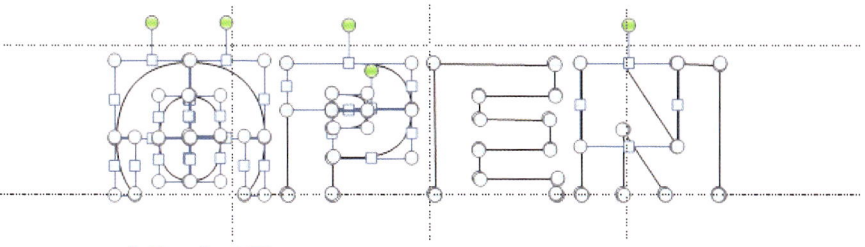

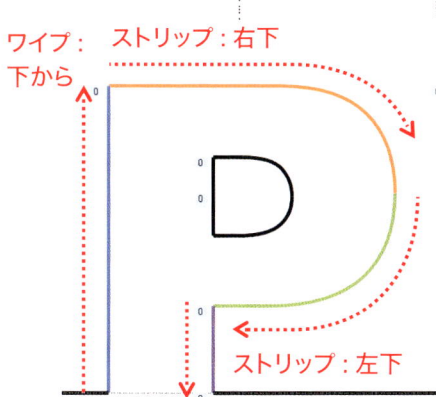

ワイプ：下から
ストリップ：右下
ストリップ：左下
ワイプ：上から

③アニメーションを設定する

使用するアニメーション効果は[ワイプ]と[ストリップ]の2種類です。上下左右の直線的な方向の線分には[ワイプ]を、斜めの方向を含んだ線分には[ストリップ]を適用し、一つひとつ流れの順番どおりに設定していきます。

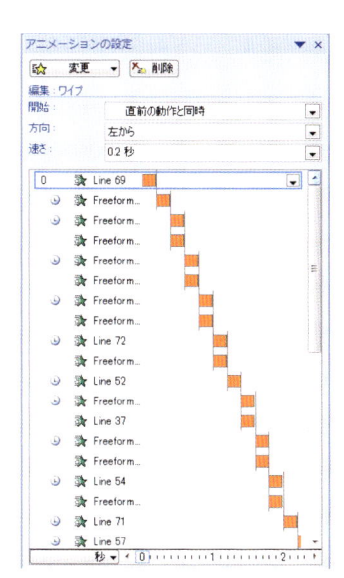

④タイミングを調整する

スライドショーを実行して、アニメーションの流れがスムーズかどうかを確認します。例えばこの「OPEN」の場合、「E」の部分の進行が少し遅く感じられるため、ここの線分のみ「速さ：0.1秒」を設定しています。

イラストのシルエットにも効果的です。

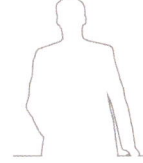

2010年7月5日。
そろそろプレゼンを
パワーアップしませんか？

19 奥行きをつくる

映像やFlashに比べて、どうしても平面的な表現になりがちなPowerPoint。しかし、遠近感をうまく演出すれば、見る人を引き込む立体的な見せ方ができます。

ダウンロード 03_19_01.zip　**解凍パスワード** okuyuki
URL:http://www.seishisha.co.jp/presen/

【奥行きを感じさせる表現】
　「PowerPoint CREATIVE」の文字を背景に、9枚の画像が[開始]コンプレスで登場。
　その9枚を中心に、たくさんの画像が[終了]ズームアウト(中心へ)で画面の奥へ。

　「奥行き」を感じさせるアニメーションの筆頭は、やはり「ズーム」でしょう。言葉の意味では「拡大／縮小」ですが、見せ方によっては「手前／奥」の表現になります。
　このサンプルでは、手前にやってくるものと奥に去っていくものを重ね合わせることで、さらに奥行き感を高めています。

ここがポイント！

画面外に画像を配置することによって、空間の"拡がり"を強調。さらに手前があるように見せます。

手順

① 画像を登場させる

9枚の画像にアニメーション効果[開始]コンプレス(速さ：普通)を設定。すべてのタイミングを「直前の動作と同時」にして、それぞれ「0.2秒」ずつの遅延を設定します。

① [開始]コンプレスで
9枚の画像を登場させる

② [強調]拡大／縮小で
背景の文字をゆっくり拡大

② 背景の文字を拡大する

背景となる「PowerPoint CREATIVE」の文字に下記の強調効果を設定。

効果：[強調]拡大／縮小
タイミング：直前の動作の後
サイズ：150%
※「滑らかに開始」「滑らかに終了」のチェックをオン
速さ：15秒

③ すべての画像を消去する

すべての画像(画面内の9枚＋画面外の16枚)を下記終了設定で消去。

効果：[終了]ズーム(アウト中心へ)
速さ：ランダム
遅延：ランダム
※「速さ」「遅延」は画像毎にずれるように設定

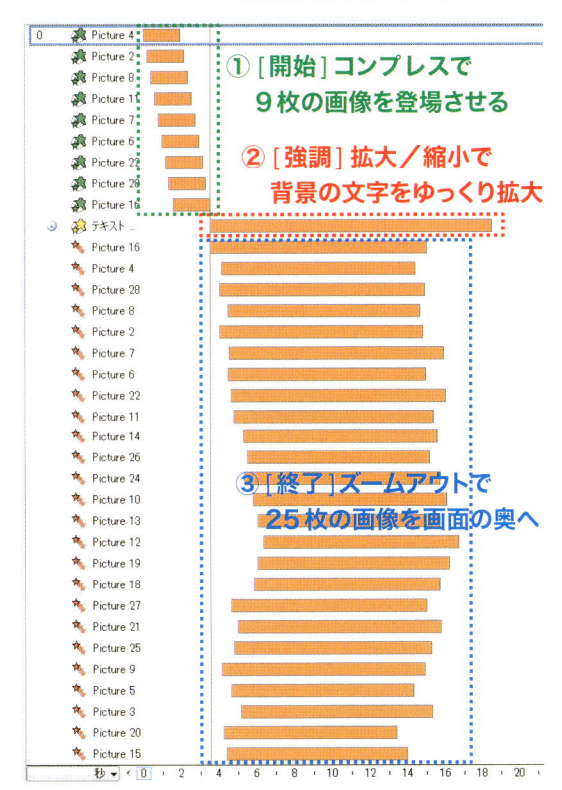

③ [終了]ズームアウトで
25枚の画像を画面の奥へ

20 カウントダウン

古い映画のオープニングを思わせる「カウントダウン」。周年式典のメモリアルスライドや結婚式のなれそめスライドなどにぴったり。冒頭でエンタメ感を創出できます。

ダウンロード 03_20_01.zip　**解凍パスワード** countdown
URL:http://www.seishisha.co.jp/presen/

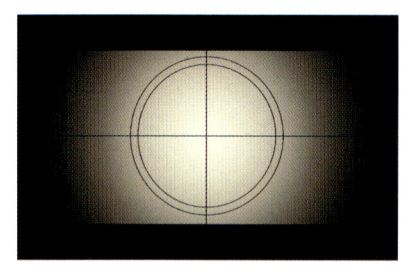

【古い映画のような表現】

映画風のカウントダウン。レトロな雰囲気を出すために、背景にはフィルムノイズをイメージしたGIFアニメーションを貼り付けています。

制作テクニック
GIFアニメのつくりかた ⇨ P143

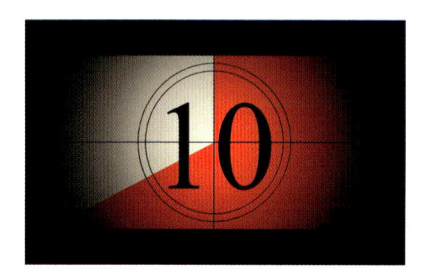

"レーダー探知機"を思わせる背景の動作は、[開始]ホイールという効果を使用。

カウントダウンしていく数字の合間に、「introduction」の文字をサブリミナル的に挿入し、オープニングの緊張感を演出しています。

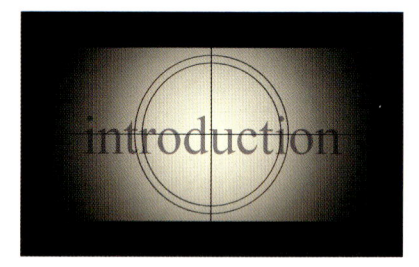

【アニメーションの構成】

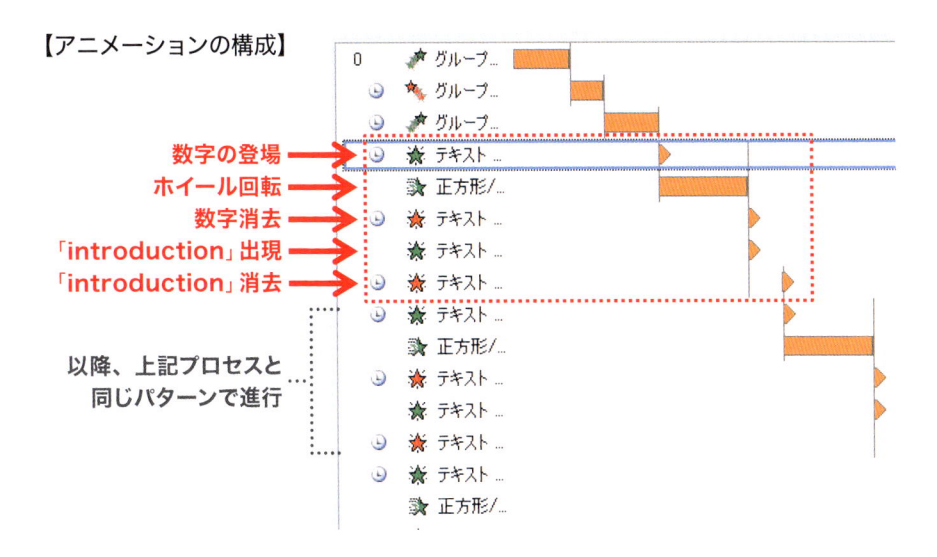

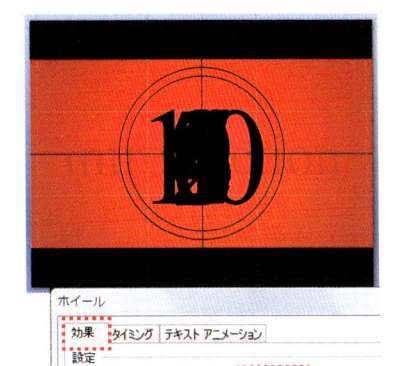

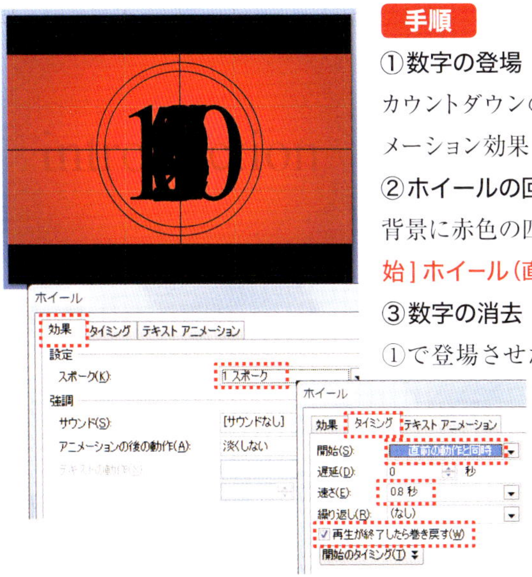

- 数字の登場
- ホイール回転
- 数字消去
- 「introduction」出現
- 「introduction」消去

以降、上記プロセスと同じパターンで進行

手順

①数字の登場
カウントダウンの数字(サンプルでは「10」)にアニメーション効果[開始]アピールを設定。

②ホイールの回転
背景に赤色の四角形を描き、左図のように[開始]ホイール(直前の動作と同時)を設定。

③数字の消去
①で登場させた数字に[終了]クリア(直前の動作の後)を設定。

④「introduction」出現
「introduction」の文字に[開始]アピール(直前の動作と同時)を設定。

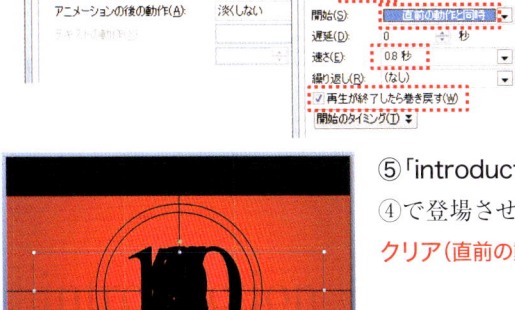

⑤「introduction」消去
④で登場させた「introduction」の文字に[終了]クリア(直前の動作の後／遅延:0.3秒)を設定。

　上記の手順で残りの数字(9~1)にも同じ設定を繰り返します。

21 もんたメソッド

文章の一部分を隠すことによって、相手の興味と注目を喚起する「もんたメソッド」。そのインタラクティブなプレゼンを効果的に行うためのテクニックをご紹介します。

ダウンロード 03_21_01.zip **解凍パスワード** monta
URL:http://www.seishisha.co.jp/presen/

もんたメソッドの利点
● 文章のポイントを隠すことで
→ ポイントに ■■ させる
→ ■■ な情報と思わせる
→ 見ている人に ■■ させる

出典:「もんたメソッド」説明プレゼンテーションムービー(bricklife.weblog)

「ないモノが出現」
ではなく
■■■■■■■■
ことが大事

出典:「もんたメソッド」説明プレゼンテーションムービー(bricklife.weblog)

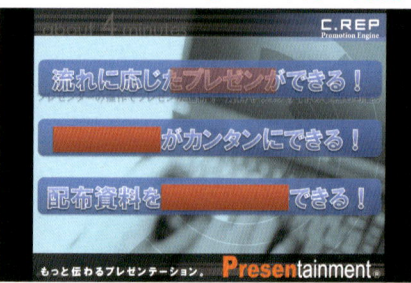

【もんたメソッドについて】

「もんたメソッド」とは、文章の一部を隠し、プレゼンの相手とコミュニケーションしながら進行するプレゼン手法です。

穴埋めクイズのように、隠れているからこそ興味がわき、考えたり想像したりするわけです。これは聴き手がプレゼンに対して能動的に関わることを促し、プレゼンの効果を飛躍的に高めてくれます。

そしてこの手法は、トークに自信がある人よりも、口ベタでプレゼンが苦手な人向きかもしれません。なぜなら、話すことがすべてスライドに書かれているからです。堂々とスライドを見ながらしゃべればいいわけです。おまけに、隠れた文字を表示させるときの簡単な操作も、「しゃべりがすべて」という強迫観念から解放してくれるでしょう。

クリックした部分が消えて、文字が出現。　　**クリックした部分が反応します。**

ここがポイント！

必ず[開始]クリック時に設定

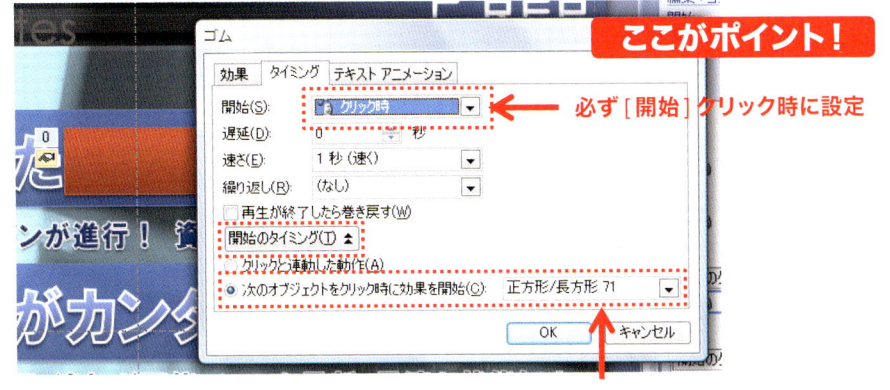

クリック消去する四角形を選択

手順

①隠したい文字の上に四角形を配置

文字が隠れるように図形[四角形]を描きます。

②消去する四角形に[終了]効果を設定する

ここが唯一にして最大のポイント。文字を隠している四角形に[終了]効果を設定します。

ポイントは「開始のタイミング」を設定すること。

[次のオブジェクトをクリック時に効果を開始]にチェックを入れ、クリックする四角形自体を指定します。

この簡単な設定によって、「文字を隠している四角形をクリックすると、四角形が消えて文字が現れる」という効果が生まれます。

[終了]のアニメーションは、あまり派手ではないものを選びましょう。(派手なアニメーションだと、出現した文字よりもアニメーションに目が行ってしまいます)

③画面切り替えのタイミングで「クリック時」をオフ

[画面切り替え]画面切り替えのタイミングで、「クリック時」に入っているチェックを外しておきましょう。この設定によって、クリック指定したオブジェクト以外の箇所を誤ってクリックした際、プレゼンが勝手に進行することを防ぎます。

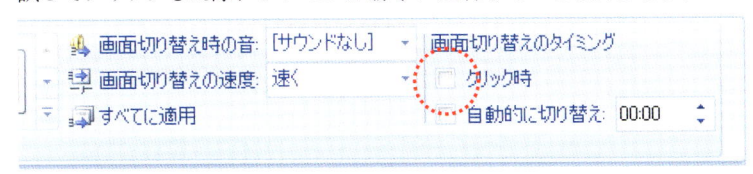

今回活用した「開始のタイミング」は、もんたメソッド以外にもいろいろと活用できます。例えば、「小さな画像をクリックすると、拡大された大きな画像が現れる」といった使い方も可能です。

22 クリックで拡大

　全体像を示すと、各部の説明が小さくなってしまう——スライドプレゼンでよくある悩みです。こんなときは、「クリックで拡大」というテクニックが役立ちます。

ダウンロード 03_22_01.zip　**解凍パスワード** click
URL:http://www.seishisha.co.jp/presen/

全体を見せることができる。

赤い丸印をクリックすると該当箇所が拡大表示されます。

拡大された部分をクリックすると、拡大表示が小さくなって消えていきます。

数カ所を拡大表示させたり、どこからでも消去できたりと、インタラクティブな操作に対応します。

どこからでも見せられる。

インタラクティブに操作〜説明できる。

■拡大図（グループ22）出現の[開始]設定

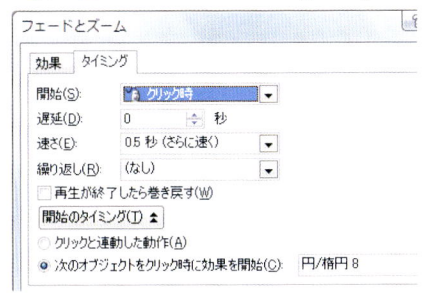

■拡大図（グループ22）消去の[終了]設定

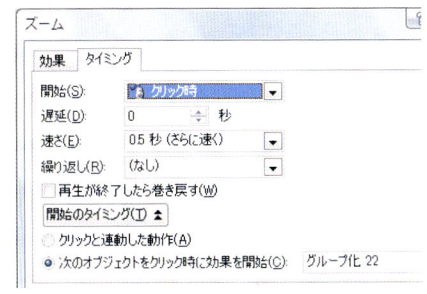

手順

① クリックによる「**出現**」効果の設定

サンプルデータでは、虫の触角部分の赤い円（円／楕円8）をクリックすると、拡大図（グループ化22）がフェード＆ズームで出現します。

この場合、グループ化22に[開始]フェード＆ズーム（クリック時）のアニメーションを設定し、「開始のタイミング」で「円／楕円8をクリック時に効果を開始」の設定にすればよいわけです。

② クリックによる「**消去**」効果の設定

次に、出現した拡大図（グループ化22）をクリックすると、拡大図が画面の中心に向かって消えていく（ズームアウト）設定です。

これは、グループ化22に[終了]ズームアウト（中心へ）（クリック時）のアニメーションを設定し、「開始のタイミング」で「グループ化22をクリック時に効果を開始」にします。

同様の手順で、他の箇所も設定していきます。

③ 画面切り替えのタイミングで「クリック時」をオフ

[画面切り替え]画面切り替えのタイミングで、「クリック時」に入っているチェックを外しておきます。これはクリックの誤作動防止のためです。

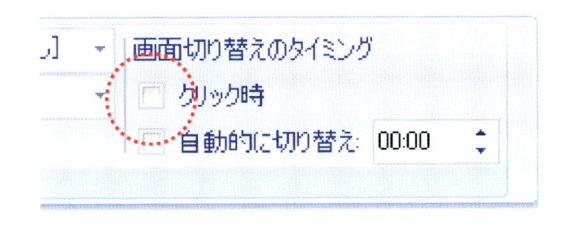

23 ウェブ風 ハイパーリンク

ウェブサイトでは、ポインタを重ねるとボタンの色が変わる、といったインターフェースが多く採用されています。オンマウスで反応するボタン。PowerPoint でつくってみます。

ダウンロード 03_23_01.zip 　解凍パスワード　link
URL:http://www.seishisha.co.jp/presen/

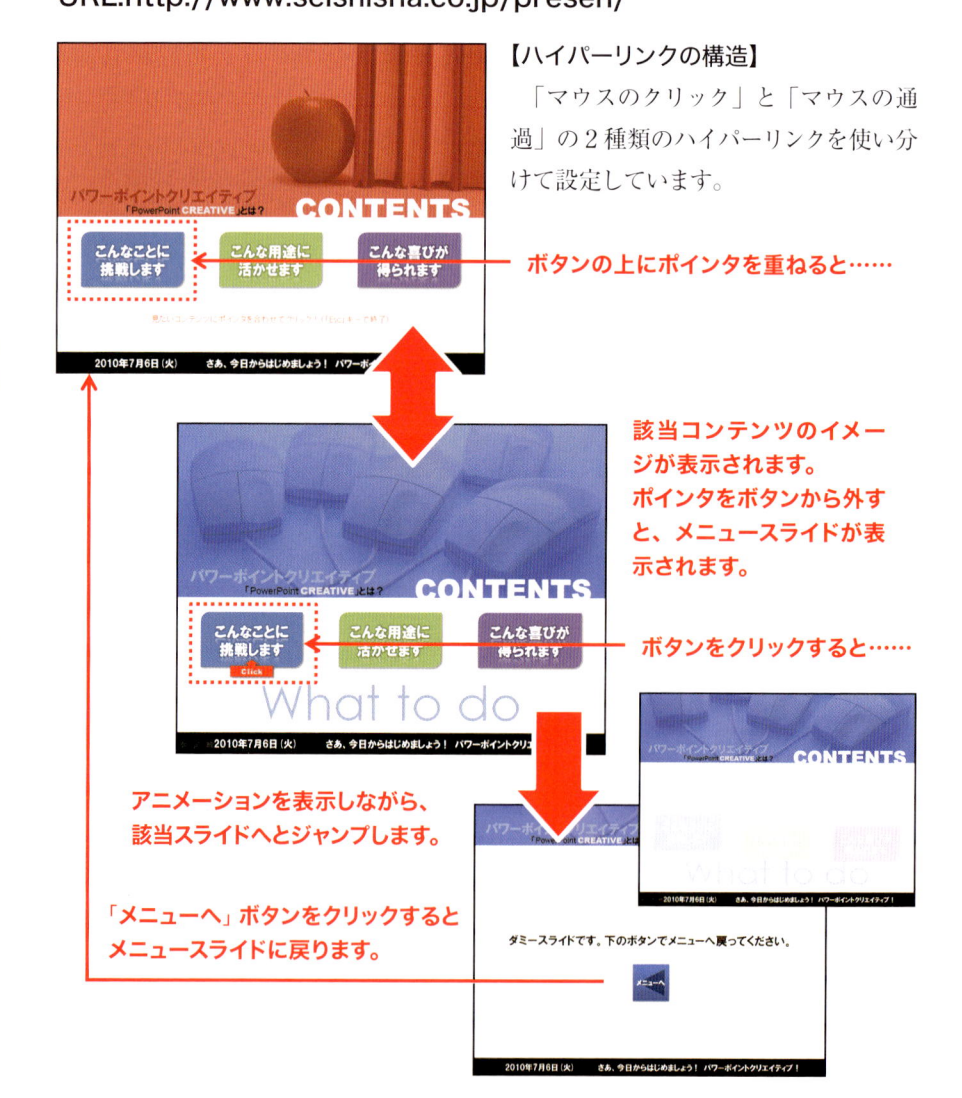

【ハイパーリンクの構造】
「マウスのクリック」と「マウスの通過」の2種類のハイパーリンクを使い分けて設定しています。

ボタンの上にポインタを重ねると……

該当コンテンツのイメージが表示されます。
ポインタをボタンから外すと、メニュースライドが表示されます。

ボタンをクリックすると……

アニメーションを表示しながら、該当スライドへとジャンプします。

「メニューへ」ボタンをクリックするとメニュースライドに戻ります。

【スライド構成】

メニュースライド

各コンテンツを表示したボタンを配置。
ボタンにポインタを合わせると、コンテンツの扉スライドにジャンプ。

コンテンツの扉スライド

ボタンをクリックすると、各コンテンツのスライドへジャンプ。
ボタンからポインタを外すと、メニュースライドへジャンプ。

経過スライド

扉スライドからコンテンツスライドへの移行をスムーズに。
自動でコンテンツスライドへ。

コンテンツスライド

各コンテンツを紹介。
「メニューへ」ボタンのクリックでメニュースライドへジャンプ。

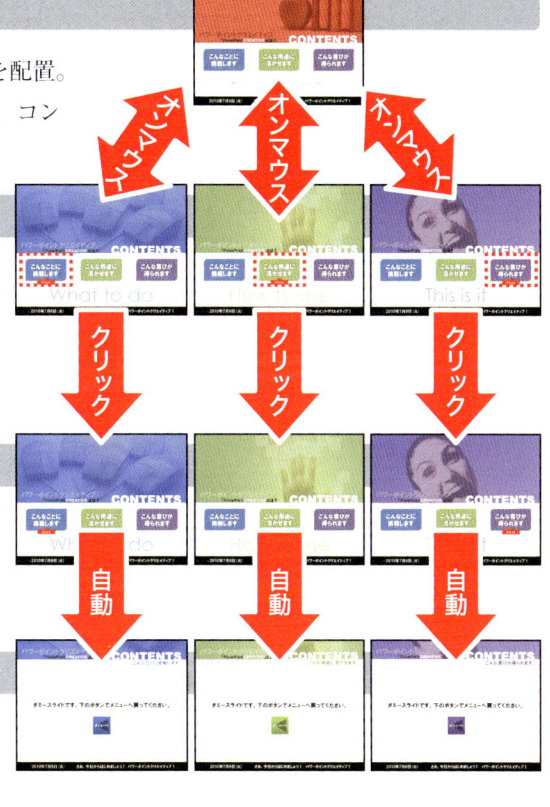

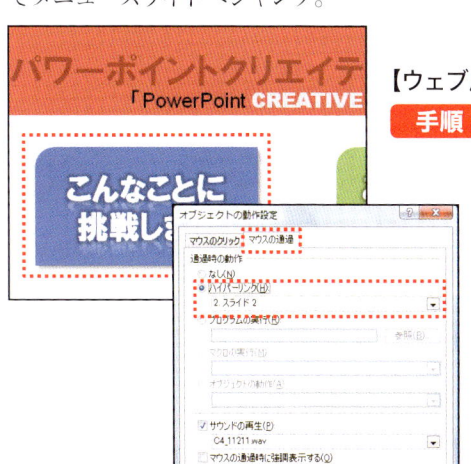

【ウェブ風ハイパーリンクのつくりかた】

手順

①メニュースライドのボタンの
　ハイパーリンク設定

ボタン上で右クリックし、[ハイパーリンクの編集]を選択して、[マウスの通過]タブをクリック。
ハイパーリンク先を該当する「コンテンツの扉スライド」に設定します。

23 ウェブ風ハイパーリンク

メニュースライドの[画面切り替えのタイミング]は、[クリック時]のチェックを外してください。

②コンテンツの扉スライドの
　ボタンのハイパーリンク設定

ボタン上で右クリックし、[ハイパーリンクの編集]を選択して、[マウスのクリック]タブをクリック。ハイパーリンク先を該当する「経過スライド」に設定し、[クリック時に強調表示する]にチェックを入れます。

ここがポイント！

③"ボタンの外"部分の
　ハイパーリンク設定

ボタンの背景に白い四角形を描き、ここに「メニュースライドへ戻るためのハイパーリンク」を設定します。白い四角形上で右クリックし、[ハイパーリンクの編集]を選択して、[マウスの通過]タブをクリック。

ハイパーリンク先を「メニュースライド」に設定します。

この設定によって、ポインタがボタン上から外れたとき、自動的にメニュースライドに戻ります。

コンテンツの扉スライドも[画面切り替えのタイミング]は、[クリック時]のチェックを外してください。

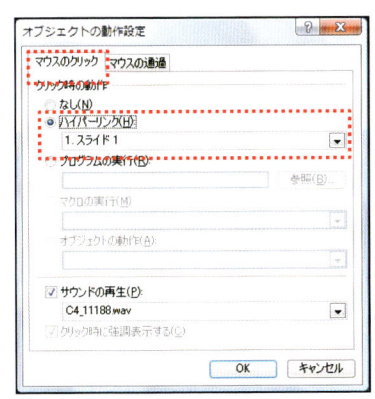

④ 経過スライドの
　アニメーション設定

経過スライドに各種アニメーション設定を施します。アニメーションは[終了]効果が中心となります。このサンプルでは、ヘッダーを上に移動し、英文フレーズと3つのボタンを消去しています。

⑤ コンテンツスライドのボタンの
　ハイパーリンク設定

コンテンツスライドに、メニューへ戻るためのボタンを設置します。ボタンは[図形]動作設定ボタンのなかから選びます。
ハイパーリンクの設定は、[マウスのクリック]タブをクリックし、ハイパーリンク先を「メニュースライド」に設定します。

以上の①〜⑤を他のボタンやスライドにも適用すれば、ウェブ風ハイパーリンクスライドの完成です。

ウェブ風ハイパーリンクスライドは、インタラクティブなプレゼンテーション（各種説明会やセミナー等）以外にも、デジタルサイネージにおけるタッチパネル式ディスプレイ用のコンテンツとしても活用できます。

24 その場で時間設定

例えばセミナーでの質疑応答。決まった時間を設定するのではなく、その場の雰囲気や残り時間を考慮し、フレキシブルにタイマー設定をしてみてはいかがでしょうか？

ダウンロード 03_24_01.zip　解凍パスワード　timer
URL:http://www.seishisha.co.jp/presen/

【タイマーの動作】
「Enter」キーを押すとタイマーがスタート。赤い円が時計回りに消えていきます。

設定時間になると「TIME UP」の文字でお知らせします。

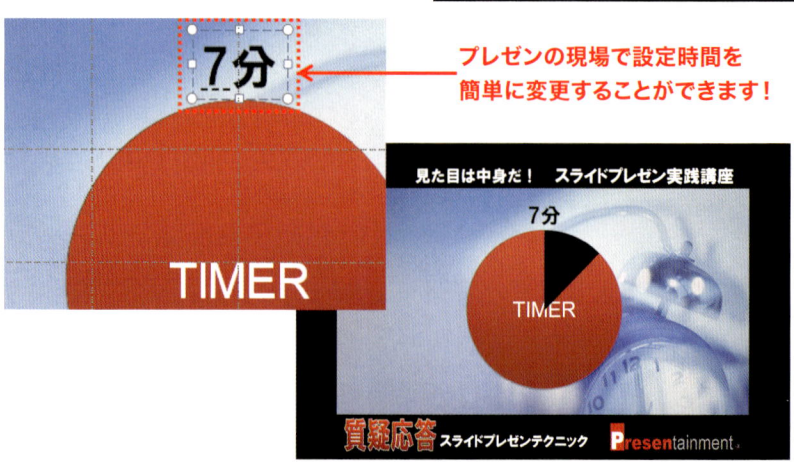

プレゼンの現場で設定時間を簡単に変更することができます！

【スライドの構成要素】

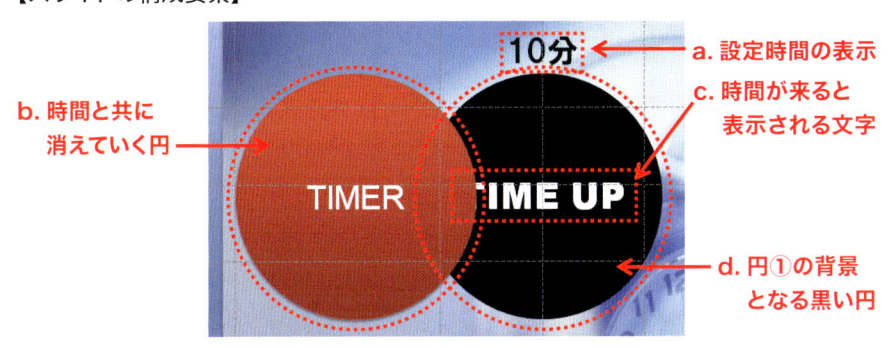

- a. 設定時間の表示
- b. 時間と共に消えていく円
- c. 時間が来ると表示される文字
- d. 円①の背景となる黒い円

① 各種要素を作成

上図を参考に、タイマーの構成要素を作成。
それぞれの重なりは、上から a、b、c、d の順で。

② タイマーの設定

「b」の赤い円にアニメーション効果 [終了] ホイール（1スポーク）を設定します。
タイミング設定は左図の通り。

ここがポイント！

タイミング設定の際、[速さ] のボックスに直接秒数を入力します。
例えば「10分」の時間設定にする場合、「600」と打ち込めば、「600秒＝ 10分」の設定になります。

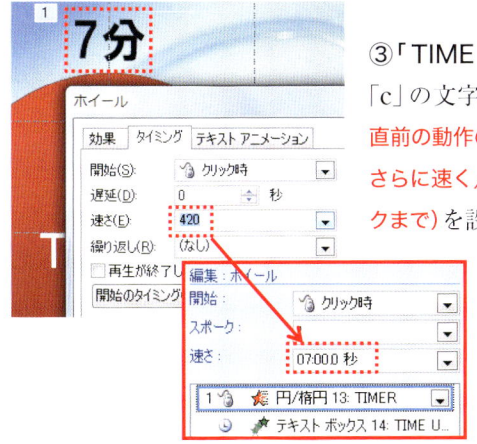

③ 「TIME UP」のアニメーション設定

「c」の文字に、[開始] ズームアウト（速さ：0.2秒／直前の動作の後）、[強調] フラッシュバルブ（速さ：さらに速く／直前の動作の後／繰り返し：次のクリックまで）を設定します。

【設定時間の変更】

「Esc」キーでスライドショーを一旦ストップし、設定時間の表記とホイール効果の速さを変更するだけでOK。

25 プレゼン演出ショートカット

　PowerPointでは、スライドショーの実行中にショートカットキーでさまざまな操作が可能です。フレキシブルにプレゼンを進行するための"裏技"を憶えておきましょう。

【スライドショーのヘルプ】
スライドショー実行時に「F1」キーで表示 ※プレゼン本番では表示させないように!

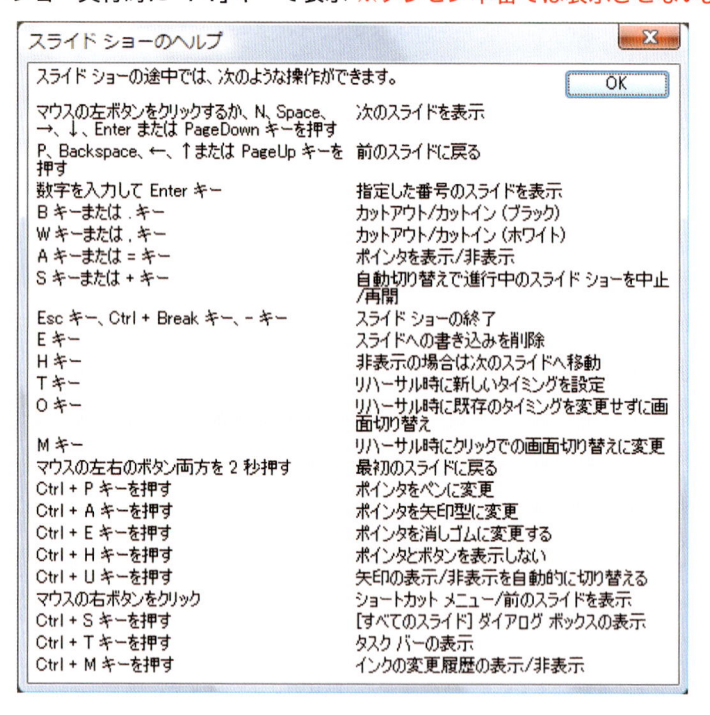

【これだけは憶えておきたい! ショートカット】

●スライドショーを開始する
・スライドショーを最初から実行
　→ F5
・スライドショーを現在のスライドから実行
　→ Shift + F5

●スライドを移動する
・最初のスライドに戻る
　→ 1 + Enter

●スライドショーを一時停止する
・プレゼンを一時停止 / 再開する
　　　　→ S

・画面を黒くして一時停止／再開する
　→ B
　※プレゼン中の暗い室内をさらに暗くするという演出に有効
・画面を白くして一時停止／再開する
　→ W
　※プレゼン中の暗い室内を明るくする演出に有効

●スライドショーの画面にペンで書き込みをする ※セットで覚えること！
・ポインタをペンツールに切り替える
　→ Ctrl + P
・書き込みを全部消す
　→ E
・書き込みを部分ごとに消す
　→ Ctrl + E
・ペンをポインタに戻す
　→ Ctrl + A

ペンを太めの「蛍光ペン」に切り替える！

　プレゼン中に、スライドに書き込みをする——これはぜひ活用したいインパクトのあるテクニックです。一連の動作をセットで憶えておきましょう。

① Ctrl + P（ペンに切り替え）〜ペンでスライドに書き込み
② E（すべての書き込みを消去）
③ Ctrl + A（ペンをポインタに戻す）

　「Ctrl + P」でペンに切り替えたときは自動的に「フェルトペン」に設定されていますが、少し太めの「蛍光ペン」に切り替えて使うことをお奨めします。

26 ゾンビアニメーション

ハイパーリンクで別のスライドへジャンプしたとき、ジャンプ先のアニメーションが2回目から表示されない……そんな現象を回避し、アニメーションを甦らせます！

ダウンロード 03_26_01.zip　**解凍パスワード** zombie
URL:http://www.seishisha.co.jp/presen/

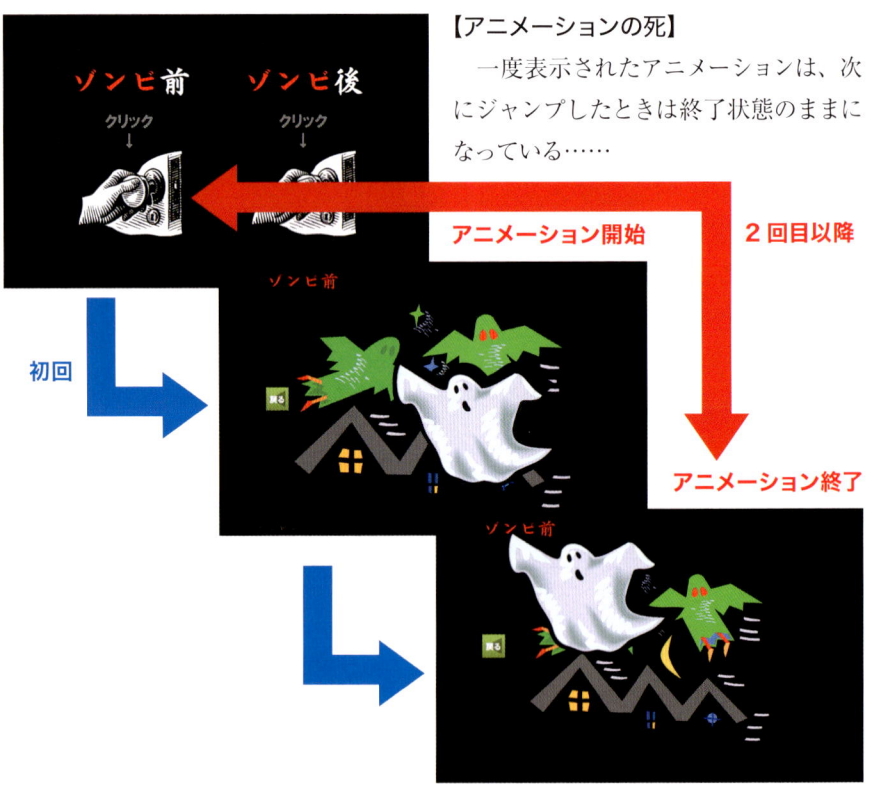

【アニメーションの死】
　一度表示されたアニメーションは、次にジャンプしたときは終了状態のままになっている……

ハイパーリンクでスライド間を行き来する場合、各スライドに適用されているアニメーション効果をどう扱うかを決めておく必要があります。**「アニメーション表示は最初の一度だけで OK」**ということでしたら特別な操作は必要ありませんが、**「ジャンプするたびにアニメーションを最初から表示させたい」**ということなら、ちょっとした仕掛けが必要です。

その仕掛けとは、たった一枚の「空（から）スライド」。表示時間「0 秒」のこのスライドが、死んでしまったアニメーションを再び甦らせます。

【ゾンビアニメーションの構造】

ゾンビアニメーション（何度も甦るアニメーション効果）

1回だけのアニメーション

表紙のスライド

空スライドを経由することで、常にアニメーションが最初から表示されます。

①空スライドの作成
リンク元（上図 **A**）のスライドをコピーして、空スライド（上図 **A″**）を作成。スライド **A** からのリンク先をスライド **A″** に設定します。

空スライド
（画面切り替え：自動/0秒）

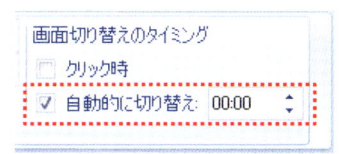

　スライド **A″** は、［画面切り替え効果］なし、［自動的に切り替え］にチェックを入れ、0秒で切り替わるようにします。

②アニメーションスライドの作成
A″ の空スライドの後に、アニメーション付きのスライドを配置します。
アニメーションスライドにはハイパーリンクのボタンを設置し、表紙のスライド（**A**）に戻るように設定します。

ハイパーリンクで行ったり来たりする案内用コンテンツに最適です

27 Twitterを表示する

参加者の意見や質問をリアルタイムに反映するプレゼン――Twitterを活用すればそれが可能です。Twitterでライブ感あふれるプレゼンにチャレンジ！

プレゼン×Twitter。その仕掛けは簡単。『PowerPoint Twitter Tools』というフリーウェアを導入するだけです。PowerPoint Twitter Toolsを使えば、スライドショーの前面にリアルタイムのツイートを表示させることができます。

http://timoelliott.com/blog/powerpoint-twitter-tools/

PowerPoint Twitter Toolsは表示設定が豊富。あらかじめスライドの左側に"ツイート表示専用スペース"を設ければ、そこに半透明の吹き出しで次々とツイートを表示させることもできます。（右側や両端への表示も可能）

画面前面にツイートをスクロール表示させる設定も。「ニコニコ動画」風の見せ方ができます。

プレゼンやイベントでは、専用の"ハッシュタグ(#タグ)"を使用してツイートしてもらうと、リアルタイムで意見や質問を受け付けることができます。

● はみだしコラム①

あなたの知らないPowerPoint

アニメーションの[繰り返し]に"端数"が設定できる!?

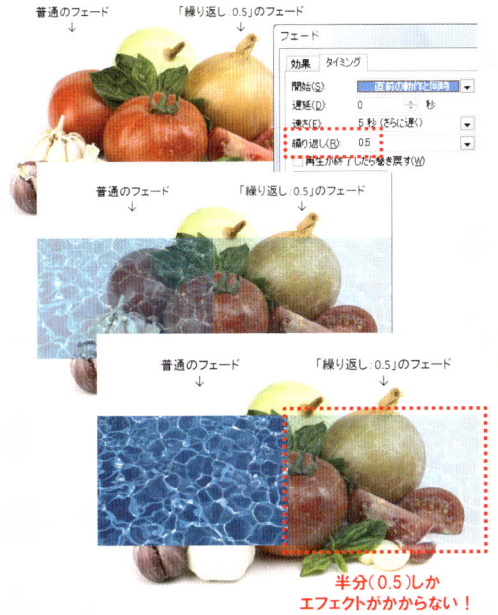

普通のフェード　「繰り返し:0.5」のフェード

普通のフェード　「繰り返し:0.5」のフェード

普通のフェード　「繰り返し:0.5」のフェード

半分(0.5)しか
エフェクトがかからない!

「繰り返し＝0.5回」。これっていったいどういうことなのでしょう?

そんなヘンな設定ができてしまうPowerPoint。

ちなみに[開始]フェードを「繰り返し:0.5」に設定してみると、なんと画像が"半透明"の状態で止まってしまいました。

すごい、と言ってよいのかどうかわかりませんが、意外と高機能なのかもしれませんね、PowerPointって。

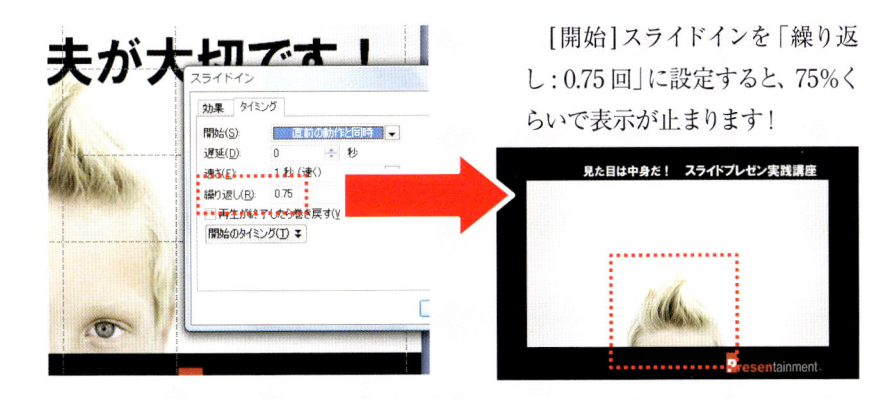

[開始]スライドインを「繰り返し:0.75回」に設定すると、75%くらいで表示が止まります!

28 サーチライト効果

暗闇の向こうをあちらこちらと照らし出すサーチライト。非常にトリッキーな動きですが、意外と簡単につくれてしまうのです。メッセージを印象づけたいときにどうぞ。

ダウンロード 03_28_01.zip **解凍パスワード** search
URL:http://www.seishisha.co.jp/presen/

2つのライトが拡大縮小を繰り返しながら、メッセージの上をうろうろします。
メッセージも移動しながら拡大縮小を続けます。

背景を黒くすることで、スクリーンに投影されたスライドの「枠」がなくなり、本物のサーチライトのように見えてきます。

使っているのはスライド1枚のみ。アニメーション効果は、[開始]フェードとズーム、[強調]拡大/縮小、[アニメーションの軌跡]の3種類のみ。

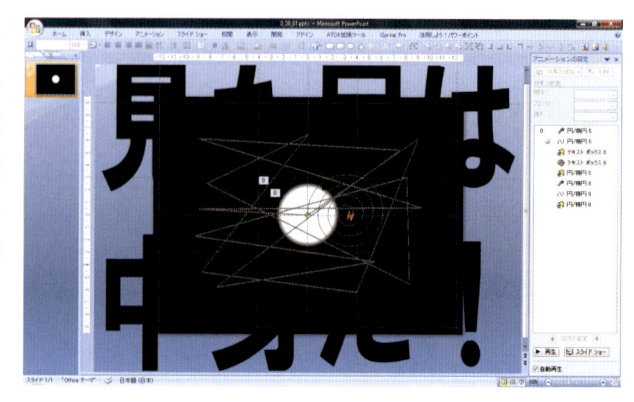

【スライドの構成要素】 ※見分けやすいように各要素の色を変更

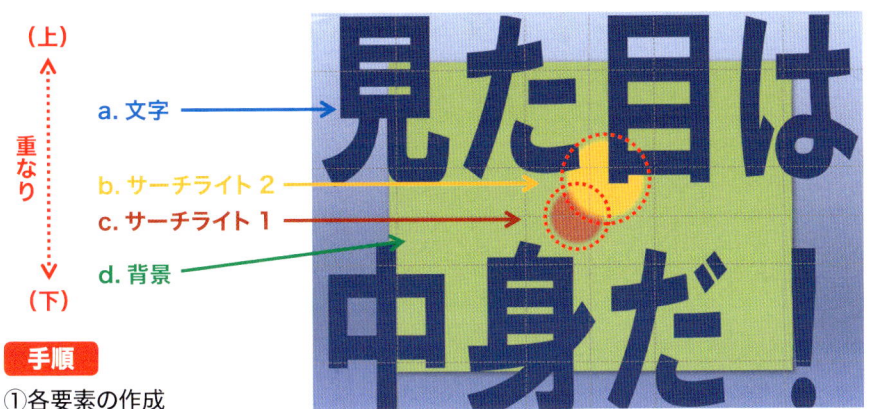

（上）
↑
｜
重なり
｜
↓
（下）

a. 文字
b. サーチライト2
c. サーチライト1
d. 背景

手順

①各要素の作成

上図を参考に、スライド内の各要素（abcd）を作成します。

塗り色は、a（文字）とd（背景）を「黒」、bc（サーチライト）を「白」にしてください。

②アニメーションの設定

下記のとおりに、各要素のアニメーションを設定してください。

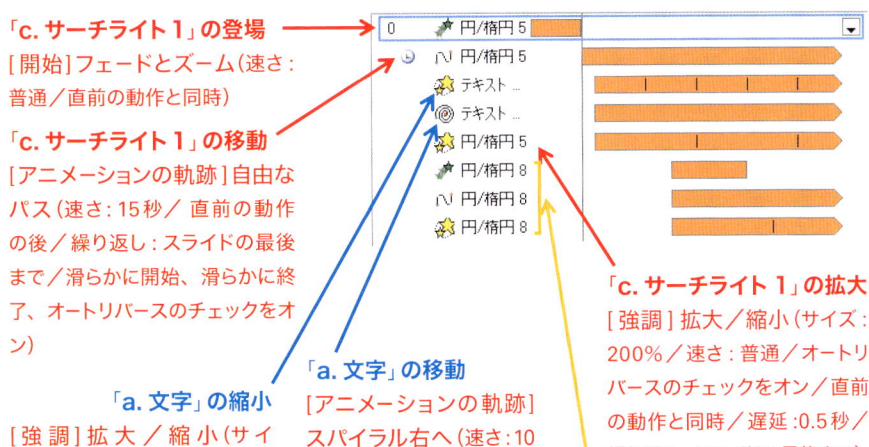

「c. サーチライト1」の登場
[開始]フェードとズーム（速さ：普通／直前の動作と同時）

「c. サーチライト1」の移動
[アニメーションの軌跡]自由なパス（速さ：15秒／直前の動作の後／繰り返し：スライドの最後まで／滑らかに開始、滑らかに終了、オートリバースのチェックをオン）

「a. 文字」の縮小
[強調]拡大／縮小（サイズ：50%／滑らかに開始、滑らかに終了、オートリバースのチェックをオン／速さ：速く／直前の動作と同時／遅延：0.5秒／繰り返し：スライドの最後まで）

「a. 文字」の移動
[アニメーションの軌跡]スパイラル右へ（速さ：10秒／滑らかに開始、滑らかに終了、オートリバースのチェックをオン／直前の動作と同時／遅延：0.5秒／繰り返し：スライドの最後まで）

「c. サーチライト1」の拡大
[強調]拡大／縮小（サイズ：200%／速さ：普通／オートリバースのチェックをオン／直前の動作と同時／遅延：0.5秒／繰り返し：スライドの最後まで）

「b. サーチライト2」の設定
※「c. サーチライト1」を参考に設定

29 キネティックタイポグラフィ風

　キネティックタイポグラフィ。それは"文字"を主人公とした映像表現です。海外ではポピュラーな手法となっており、日本でもCMでよく見かけるようになりました。この手法は、「文字で見せる」ことが通例となっているスライドプレゼンにとって、非常に親和性の高い表現だと言えます。

　文字による表現をもっと魅力的に。キネティックタイポグラフィを導入してみましょう。

ダウンロード　03_29_01.zip　**解凍パスワード**　kinetic
URL:http://www.seishisha.co.jp/presen/

※上記サンプルは、YouTubeにアップされていた動画「HARUHI intro - KineticTypography」を参考に制作したものです。YouTubeで"Kinetic Typography"を検索すれば、数多くのキネティックタイポグラフィ作品を観ることができます。

【基本テクニック】

　キネティックタイポグラフィ風に見せる基本テクニックは、「俯瞰」「接近」「移動」という動作。それを「高速」かつ「大小」のメリハリをつけて行います。

俯瞰	接近	俯瞰	接近
移動	移動	俯瞰	高速／大小

制作テクニック

1. 文字は「変形」させておく

　キネティックタイポグラフィ風の表現では、文字の「拡大／縮小」を多用します。

　その際、倍率をフォントサイズで指定するのではなく、図形としてパーセント指定したほうが便利で正確です。

　すべての文字に [文字の効果] → [変形] → [形状／四角] を適用し、文字を"図形的"に扱えるようにしておきます。

2. 登場に躍動感を

　文字を"物体"のように見せるために、文字の登場に「バウンドする感じ」をプラス。躍動感を演出します。

バウンド :[開始] ズームアウトの直後に、小さく素早く [強調] 拡大／縮小させる

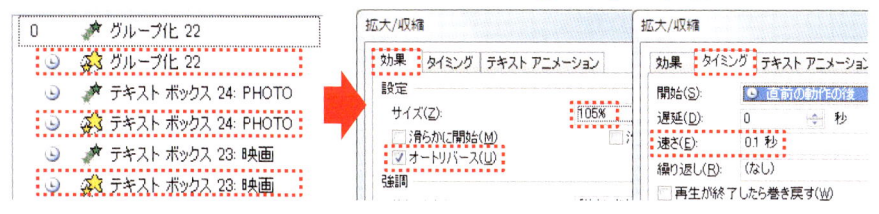

29 キネティックタイポグラフィ風

3. グループ化して拡大／縮小

一部分に接近したり全体像を俯瞰する動きを加える場合は、表示されている要素をグループ化しておく必要があります。

各要素の登場 → **各要素のグループ化** → **拡大／縮小**

4.「拡大／縮小」と「移動」を同時に

「接近」「俯瞰」の動作は、[強調] 拡大／縮小と [アニメーションの軌跡] を同時に行います。[アニメーションの軌跡] の設定では、「滑らかに開始、滑らかに終了」のチェックをオフにしておくと、動きがスムーズになります。

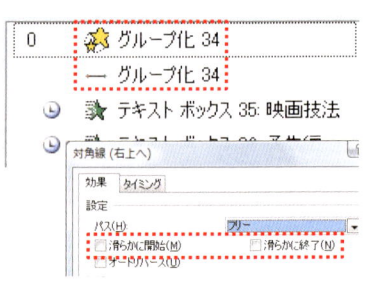

5.「変化前のスライド」→「変化後のスライド」

スライド制作の手順は、「変化前のスライド」→「変化後のスライド」がセットになります。

スライド 1: 変化前のスライド

[強調] 拡大／縮小
[アニメーションの軌跡]

スライド 2: 変化後のスライド

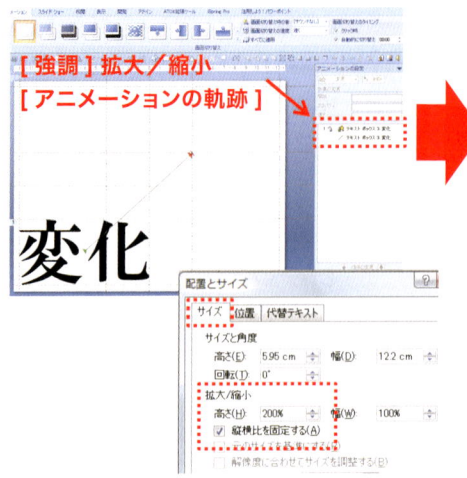

文字を 200％に拡大したもの

位置合わせの裏技

スライドショーで変化後の状態をキャプチャーし、変化後スライドの下絵に。

スライドショーをキャプチャー
※スライドショーモードで
　「Alt + PrtSc」キー

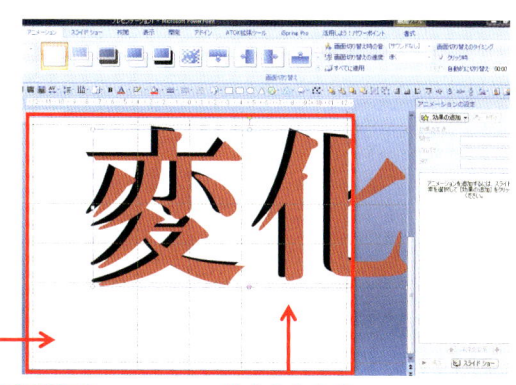

キャプチャー画像を最背面に
貼り付け、位置合わせの下絵にする

拡大した文字

【発展テクニック】

　フレーズを縦横に回転させるのもキネティックタイポグラフィの手法です。画面自体が回転しているように見せることもできます。

回転

キネティックタイポグラフィ作品を
YouTubeでチェックしよう！

検索キーワード：Kinetic Typography

　キネティックタイポグラフィ風の表現を追求するには、とにかくたくさんのキネティック作品を観ることが大切！ YouTubeには海外アーティストのかっこいい作品が数多くアップされています。

30 高速プレゼン

多彩なアニメーション効果を持つPowerPoint。しかし、アニメーションでこんな見せ方はできないでしょう。高速で駆け抜けるスライドが、ジェットコースターのような高揚感と緊張感を生み出します！

ダウンロード 03_30_01.zip **解凍パスワード** parapara
URL:http://www.seishisha.co.jp/presen/

【高速プレゼンの仕組み】

早速ですが種明かし。この高速プレゼンの仕組みは「パラパラまんが」と同じ。スライドが「0コンマ数秒」で次々と切り替わっていくという構造になっています。

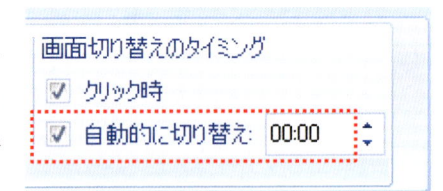

※使用するPCの性能によって、スライドが切り替わる速さは変わります。

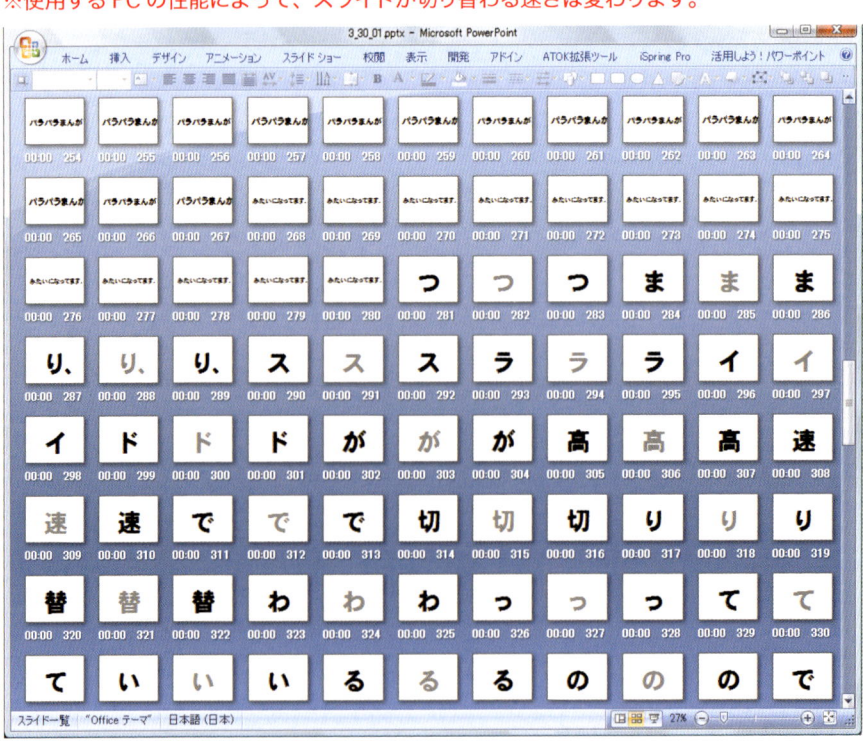

制作テクニック

1. スライドをコピー → 少し動かす → スライドをコピー …… の繰り返し

アニメーション効果も画面切り替え効果も基本的には無し。とにかく要素を少しずつ動かし、つないでいくという地道な作業あるのみです。

2. 文字は「変形」させておく

文字や図形のサイズを少しずつ「拡大／縮小」しやすいように、文字の形状を「四角」に変形させておきましょう。

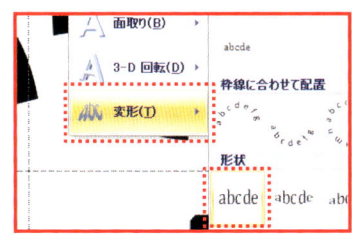

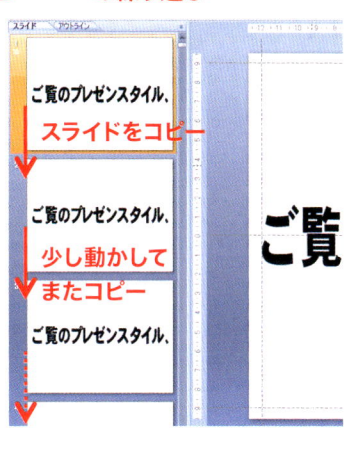

3. 白黒の反転で明滅効果

文字色と背景色が反転したスライドを交互に繰り返せば、フラッシュのような明滅効果が生まれます。

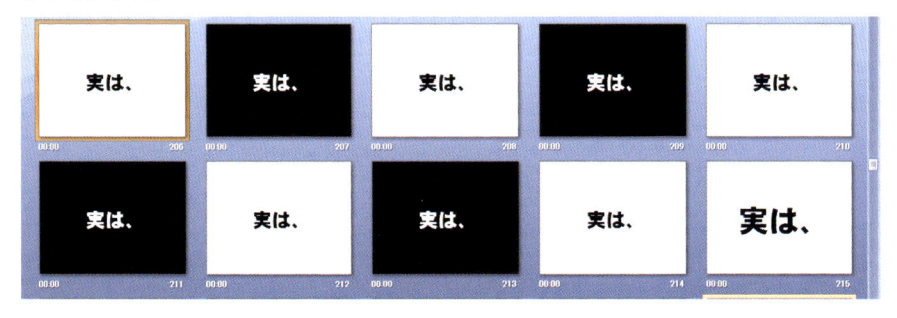

高速プレゼン活用例
【点取り占い】

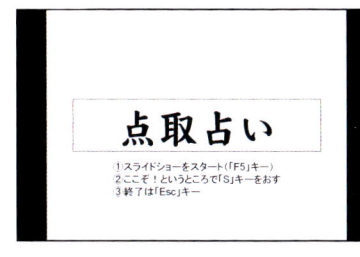

ダウンロード 03_30_02.zip　解凍パスワード　tentori
URL:http://www.seishisha.co.jp/presen/

30 高速プレゼン

【点取占いのつくりかた】
①「点取占い」の原稿を手に入れる
　点取占いの原稿は、下記サイトより参照いたしました。
◆『てんとりうらない』
　http://www.geocities.co.jp/HeartLand - Suzuran/4724/
②テキストデータ→PowerPointスライドに変換する
　点取占いの個数は約300コ。これを「1コ＝1スライド」にしていかなければならないわけですが……なんとばっちりなツールがあるんです！
◆『シゴタノ！「AutoSlideGenerator」(PowerPoint VBA)』
　http://cyblog.jp/modules/weblog/details.php？blog_id＝568
　このツールを使えば、300コのテキストが一瞬でスライド化されます！

③スライドの画面切り替えを設定する
全スライドの「画面切り替え」を下記のように設定します。

```
画面切り替え：なし
画面切替の速度：速く
画面切り替えのタイミング：自動的
に切り替え／0秒
```
＋
「スライドショーの設定」で、「Escキーが押されるまで繰り返す」にチェック

■点取り占いの操作方法
「F5」キー：スライドショーの開始
「S」キー：ストップ（一時停止）
「Esc」キー：終了

31 PowerPoint 文学

　文学作品をPowerPointで表現するとどうなるか？ 書籍でもなく、朗読でもなく、映像でもない新しい表現形式にチャレンジしてみましょう。

ダウンロード 03_31_01.zip　**解凍パスワード** bungaku
URL:http://www.seishisha.co.jp/presen/

　サンプルで取り上げたのは、太宰治の『フォスフォレッセンス』という掌編小説です。

　原文はインターネットの電子図書館『青空文庫』からダウンロードしたものを加工しています。

◆青空文庫
http://www.aozora.gr.jp/

　スライドショーは、小説を読むような速度で自動進行します。

　小説をPowerPointで表現する際、もっとも気をつけなければならないのは、

"間"

のつくりかたです。読む速度だけでなく、言葉と言葉の間の時間、いわゆる"行間"を意識してコントロールすることが大切です。

　小説のPowerPoint化は、スライドプレゼンにおける"間"を習得する絶好のトレーニングとなるでしょう。

32 錯視

モノクロ写真がカラーに見える?! 目の錯覚を利用したおもしろい表現で、じ〜っとスライドに注目してもらいましょう。

ダウンロード 03_32_01.zip　**解凍パスワード** sakushi
URL:http://www.seishisha.co.jp/presen/

画像の中心を見つめていると、切り替わった画面のモノクロ写真に色がついて見えます!

「色調」を反転した画像（20秒表示）　　　モノクロ画像

プレゼンテクニックと言うよりも、ちょっとした"余興"にぴったりな「錯視」メソッドです。

仕掛けは簡単。色調を反転した画像を20秒間表示し、その後モノクロ画像にパッと切り替えるだけです。

伝えたいメッセージを画像の中心に書いておけば、だれもがそこをじ〜っと見つめてくれるでしょう。

● **はみだしコラム②**

人とスライドが一体化！

プレゼンターとスライドのコラボレーション！

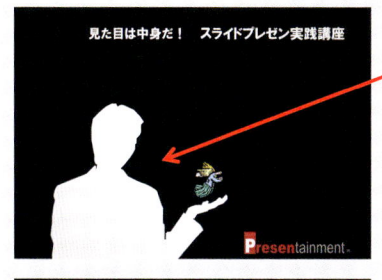

スライドの前にプレゼンターが立ち、投影された内容に合わせてプレゼンを進めます。

きっかけは、とある展示会でした。最初は白いスクリーンにPowerPointスライドを投影していたのですが、ちょっとした遊び心で、ポスターパネルを手に持ち、なにも描かれていない裏面にスライドを映してみたのです。

するとなにが起こったか？　そう、人がどんどん集まってきたのです。ただポスターパネルを手に持ち、そこにプロジェクター投影しただけで。

そこで次の展示会では、投影されたスライドのなかに人を立たせる内容のスライドをつくりました。

予想どおり、多くの人がその「スライド×プレゼンター」に足を止めてくれました。

プレゼンターとスライドのコラボレーション。まだまだ研究する必要がありそうです。

Dance : ORIENTARHYTHM (http://www.orientarhythm.com)

33 「イメージ」の探し方

イメージ画像は、スライドの見栄えとメッセージの伝わり方に大きく影響します。「クリップアート」サービスを使えば、的確なイメージを素早く見つけ出すことができます。

「クリップアート」を活用する!

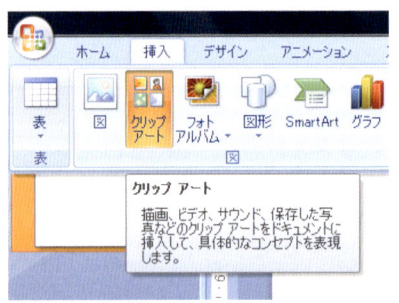

スライドにイメージ画像(写真・イラスト)を用いたいときは、とにかく「クリップアート」で検索しましょう。

リボンの[挿入]から[クリップアート]を選ぶとクリップアートの検索ウインドウが表示されます。クイックアクセスツールバーにクリップアートのボタンを追加しておくと便利です。

最適なイメージを発見するためのポイントは、「類似キーワード」による検索です。

例えば、「プレゼン」というキーワードだけで検索するのではなく、「プレゼンテーション、発表、説明、講義……」といった類似キーワードでも探してみます。すると、検索結果が微妙に変わってきます。

類似キーワードは、ウェブの類語辞典で探してみましょう。

Weblio 類語辞典
http://thesaurus.weblio.jp/

また、「写真」「クリップアート(イラスト)」といったメディアの種類をあらかじめ絞り込んで検索したほうが、理想のイメージと出会いやすくなります。

クリップアートをオンラインで探す

http://office.microsoft.com/

PowerPoint 上でイメージが見つからなかったときや、もっと多くのイメージを探したいときは、Microsoftのサイトからオンラインでクリップアートを探してみましょう。

このオンラインサービスでは、複数のイメージを「バスケット」に追加し、後で一括ダウンロードができます。

一昔前はいかにも「無料」といった風情のクリップアートが多かったのですが、いまは質・量共にかなり充実しています。精密なイラストや高解像度の写真も増えています。画面いっぱいに写真を配置しても美しく使えます。

そしてとても便利なのが、「類似画像」の検索です。選んだイメージと同じようなタッチ、テーマの画像をまとめて表示してくれます。

スライドには雰囲気の異なるイラストや写真が混在しがちですが、類似画像を使うように意識すれば、全体的に統一感のあるスライドがつくれます。

33 「イメージ」の探し方

クリップアートを分解する

多くのクリップアートは、その構成要素をばらして加工することができます。

ここでは、左図のクリップアートから「人のシルエット」だけを取り出してみましょう。

手順

① グループ化を解除する

クリップアートを選択した状態で、右クリックし、[グループ化]→[グループ化の解除]を実行してください。その際、下図のようなアラートが表示されますが、「はい」を選んで操作を続行してください。

② 要素を取り出す

何度かグループ解除をすると、目的のパーツが取り出せるようになります。

必要な部分のみ選択したら、いったん画面の脇に避けてみましょう。

③ 必要な要素をグループ化する

目的のパーツがいくつかの要素に分かれている場合は、グループ化しておきます。

これでパーツの分解は完了。色や大きさを変えることも可能です。

売れ残った場合。

イメージからはじまる、思考の旅。

　気がつけば、元々イメージしていた画像とはまったく違う画像を採用していることがあります。

　いったんクリップアートの海に飛び込めば、必ず新たな発見をすることになります。

　クリップアートを検索することは、自分の思考を客観視することでもあります。

34 「音」の使い方

視覚と聴覚を同時に刺激する情報は、記憶に焼き付きやすいと言われます。効果音やBGMも、プレゼンの"伝わり力"を高める重要な要素です。

音の使い途

スライドプレゼンで「音」を使うシーンは、主に右の4種類となります。

とりわけよく使うのは「効果音」。しかし、使いすぎると効果が弱くなります。印象深く伝えたい部分にのみ、適用してみましょう。

ちなみに、効果音であることが際立ってしまうのは逆効果。「動きに対して自然な音」であることが効果音選択のポイントです。

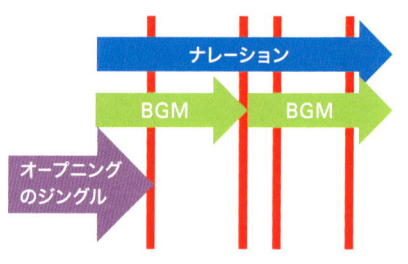

音の設定

【効果音の設定】

効果音はその名のとおり「効果」に対して適用される音です。ですから、基本的には各アニメーション効果の[効果のオプション]で音を設定します。

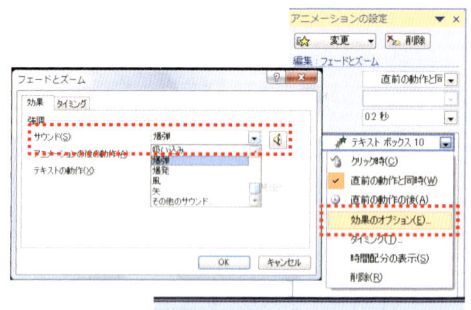

【BGMの設定】

複数のスライドをまたぐBGMを設定してみましょう。

まず、リボンの[挿入]タブから[サウンド]を選び、設定するBGMを選択します。

このとき、「スライドショーでサウンドを自動的に再生しますか?」というアラートが表示されるので、[自動]をクリックして設定を進めてください。

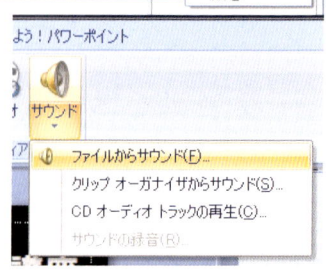

音を選ぶと「スピーカーマーク」が画面中央に表示されます。この位置にマークがあると邪魔なので、画面の外側に移動させておきます。

　さあ、音の再生設定をしましょう。
　まずは[効果]タブをクリックし、BGMの「継続期間」についての指定をします。
　[再生の開始]は[最後の位置]にチェック。[再生の中止]は、現在のスライドを含めて何スライド分BGMが流れ続けるかを指定します。

　次に[タイミング]タブをクリックし、再生の繰り返しを設定します。[再生の中止]で指定したスライドまで繰り返す場合は、[スライドの最後まで]を設定しておきましょう。

　最後に[サウンドの設定]タブを選び、オプションを設定します。
　ここで音量が調整できますが、厳密な調整はできません。音量は音楽ファイル自体を加工して調整したほうが無難でしょう。
　念のため、[スライドショーを実行中にサウンドのアイコンを隠す]にチェックを入れておきます。

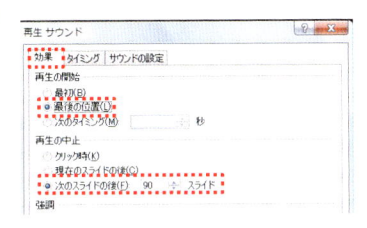

音素材について

　音素材として推奨するのは、市販の「著作権フリーの音素材集」です。音質も良く、著作権を気にせずに使用できます。
　音素材はファイルをPCにコピーし、iTunesで管理すると使いやすいでしょう。iTunesならファイル形式の変換も簡単です。
　ファイルは、「wav」(ワブ)形式が加工もしやすくお奨めです。軽さを重要視するなら「mp3」形式が扱いやすいでしょう。

34 「音」の使い方

BGMを編集する!

　BGMを使用するときに問題となってくるのが、その"長さ"です。「音楽を短くしてフェードアウトさせたい」「ループ素材をつないで適当な長さまで伸ばしたい」……。

　このような音の編集作業も、スライドクリエイティブの一環です。PowerPoint 2010ではスライド上で音の編集ができますが、PowerPoint 2007以前のバージョンではあらかじめ加工・編集された音素材を用意しておく必要があります。ここでは、フリーウェアを使った簡単なBGMの編集をレクチャーしましょう。

題材:ループ素材をつなぎ、1分20秒の曲にする

　音の素材は、著作権フリーデジタル音素材集『音・辞典 VOL.21 [ループ素材100]』を使用。このシリーズは、ループ可能なファイル「A」「B」と、エンディングのファイル「C」がセットになっていて、ABCを組み合わせることでさまざまな長さの曲がつくれる仕様になっています。

自由に組み合わせて、好きな長さの曲がつくれます。

A. ループ → B. ループ → C. エンディング

A. ループ → B. ループ → A. ループ → C. エンディング

B. ループ → A. ループ → A. ループ → B. ループ → B. ループ ……

【使用する音素材】
ハウスA（ファイル名:C1_0101A）／0分23秒 [ループ]
ハウスB（ファイル名:C1_0101B）／0分23秒 [ループ]
ハウスC（ファイル名:C1_0101C）／0分15秒 [エンディング]

【使用するアプリケーション】
SoundEngine Free [フリーウェア]
http://soundengine.jp/software/soundengine/

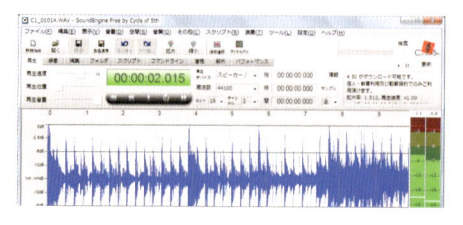

　音の結合から分割、音量調節、ノイズカット、フェードイン／アウト等々、とにかくなんでもできてしまうサウンド編集ソフト。wav形式のファイルを加工できます。

手順

①ファイルをつなぐ

SoundEngine Free を起動し、そのウインドウ内にAのファイル（C1_0101A）をドラッグ＆ドロップします。次にBのファイル（C1_0101B）をドラッグ＆ドロップするとアラートが表示されるので、[後につなげる／1回]を実行します。

同じ手順で「A→B→B→C」とファイルをつなぎます。これで時間の合計は「約1分24秒」となります。

②ファイルをカットする

今回は「1分20秒」の曲をつくるということなので、4秒ほどカットする必要があります。

タイムラインを確認し、1分20秒以降の部分をドラッグして選択します。
選択した状態で右クリックし、[削除]を実行。
これで曲の長さは1分20秒になりました。

③フェードアウトさせる

曲の長さは1分20秒になりましたが、いまのままでは曲の最後がブチッと切れてしまいます。
そこで、曲の終わりにフェードアウトをかけます。
最後から3秒分くらいをドラッグして選択。そこで右クリックし、[フェード]→[フェードアウト]を実行します。
これで1分20秒の曲ができあがりです。ファイルを別名で保存しておきましょう。

④音量を調整する

BGMとして使用する場合、音量を控えめにする必要があるかもしれません。その場合は、メニューの[音量]から[ボリューム（音量調整）]を選択。適当なボリュームに加工してください。

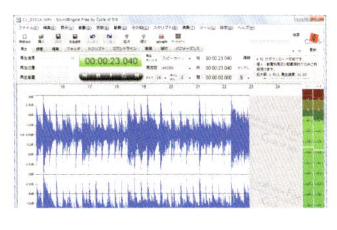

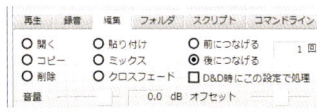

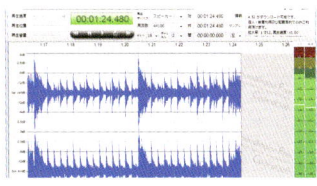

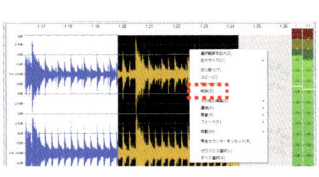

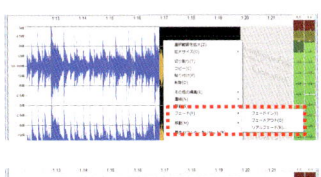

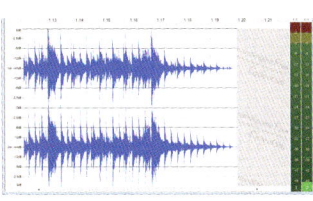

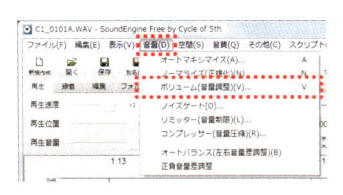

35 「映像」の使い方

リアルな映像を取り入れたプレゼンほど説得力のあるものはありません。逆に言えば、映像は「リアル」を見せるための手段。映像でプレゼンの説得力を高めましょう。

映像で"現場"を見せる！

　映像のチカラ。それはもはや"破壊的"とも形容できます。

　とは言え、すべての映像が破壊的な威力を持つわけではありません。申し訳程度の装飾映像は、もはや刺激に慣れた現代人には通用しないでしょう。

　そう、映像であることがもっとも効力を発揮するのは、つくりものではなく「現場」がそこに焼き付けられているとき。現場に居合わせなければ体験できなかったことを目の当たりにしたとき、なのです。

　こんな仕事がありました。お客様は、LED表示装置を扱う商社。LED表示装置とは、道路工事現場で「右に寄れ」などの文字が表示されている、いわゆる"電子看板"です。このLED表示装置の営業ツールをPowerPointでつくりたい、という依頼でした。

　そこで私は、商品案内のスライドに「映像」を追加することを提案しました。「設置事例はこちら」というボタンをクリックすると、全画面に現場の映像が映し出されるのです。

　百聞は一見にしかず。さて、この場合の「一見」とは何でしょうか？　多くの場合、「商品の実物をユーザーが手に取って試してみること」という答えになるでしょう。しかし、このLED表示装置は大きなものだと軽トラックに１台しか積めません。そしてラインアップは豊富。すべての商品をユーザーの元に運ぶことはできません。それなら、全商品が並んでいるショールームに来てもらえばいいのでは？　PowerPointの営業ツールよりも、ショールームに招く仕掛けが必要かもしれません。

　確かに、実物に触れることは不可欠なプロセスでしょう。しかしこの場合、ショールームで実物の稼働状態を見るよりも、もっと重要な「一見」があります。

　それは、「現場の状態」です。

　道路工事で使われるLED表示装置は、「ドライバーからどのように見えるか？」がもっとも大切な情報となります。現場でドライバーの注意を惹き、メッセージを認識してもらわなければ意味がないからです。この「現場視点」は、ショールームで見せることはできません。かと言って、さまざまな商品が設置されているすべての現場へお客様をお連れすることもできないでしょう。しかも、「日中」と「夜間」、両方の状態を見てもらう必要もあります。

　そこで「映像」の登場です。主要商品が現場で使われている映像を、ドライバー目線のカメラアングルで撮影。一つの現場で日中と夜間の２種類を用意しました。寄った映像、

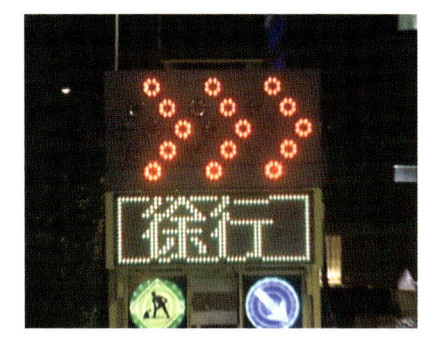

退いた映像、LED部分のアップなど、さまざまな角度から商品を撮影しました。

結果、この現場映像によって、商品の特徴が説得力を増しました。「高輝度LEDを採用しているため、昼間でも視認性の高い表示が可能」と言葉で説明するよりも、まさに百聞は一見にしかず、のわかりやすさを手に入れたのです。

さて、言葉で長々と書きましたが、結論はこういうことです。

現場の臨場感を映像で伝えましょう。

例えばこんなとき、映像の採用を検討してみてはいかがでしょうか。

■新卒者を対象にした採用説明会。「先輩社員からのメッセージ」を取り入れたい。しかし、すべての説明会に先輩社員数名を立ち会わせることはむずかしい。
→先輩社員のメッセージを映像で紹介。単にカメラに向かってメッセージを送るのではなく、実際の職場でインタビューをしたり、仕事風景を挿入してもいいでしょう。
■新商品の営業。競合商品と比較して、デザインにはこだわっているが、機能自体には大きな差別化ポイントはない。
→そのデザインをユーザーの生活シーンに落とし込んだ映像を制作。営業現場ではなく、日常という現場での「使用イメージ」を実感してもらいます。さらに、ユーザーの「インタビュー」を追加してもいいでしょう。生活者発信のナマの声は、説得力を高める強力なアイテムです。

現場の臨場感を伝えるための映像。でも、やっぱり、花火は本物を見上げて感じたいものです。

35 「映像」の使い方

PowerPoint2010の映像機能

　大きく進化した表現ツール——それがPowerPoint2010です。これまでのバージョンでは実装されていなかった「映像の編集」と「映像の書き出し」の機能が追加され、映像を一段と手軽に扱えるようになりました。

　単に「映像を見せる」のではなく、効果的に演出し、さらにプレゼン以外にも活用していく——。PowerPoint2010は、映像を身近なツールに変えてくれます。

【映像の編集】

　これまでは簡単な映像編集にも別のアプリケーションが必要でしたが、2010ではPowerPointだけでOK。作業効率が飛躍的にアップするだけでなく、映像の内容を確認しながら最適なデザインが行えます。

映像のトリミングや色の変換も可能

【映像の書き出し】

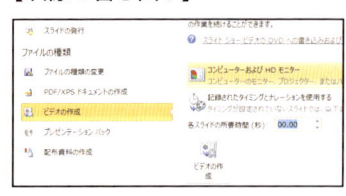

　映像が「wmv（Windows Media Video）」形式で書き出せます。用途に合わせたサイズ設定も可能。

　映像化することによって、「ウェブサイトへの掲載」や「DVDにして配布」など、スライドの活用範囲が大きく広がります。

複雑に組み合わせたアニメーションや細かいタイミング指定も忠実に再現！

36 「GIFアニメ」のつくり方

ウェブサイトでたまに見かけるGIFアニメ。逆にウェブサイト以外で目にすることはなかなかありませんが、実はPowerPointのスライドショーにも使えるのです。そしてこれが意外と活躍したりもします。

例えばPowerPointで「映像」を使った場合、貼り付けた映像の"上"に文字や図形を重ねて表示することはできません（※PowerPoint2010は可能）。映像を背景にメッセージを表示する、といったことができないわけです。

が、GIFアニメを用いることで、映像風の背景を用いることが可能となります。（あくまで"映像風"ですが）

また、「動くイラスト」をスライドのアクセントとして使うのも、見た目のおもしろみにつながります。PowerPointのアニメーションとは違った動作が、見る人の興味を惹くでしょう。

GIFアニメ。スライドを演出するテクニックとして憶えておきましょう。

制作テクニック

ダウンロード 03_36_01.zip **解凍パスワード** gifanime
URL:http://www.seishisha.co.jp/presen/

手のひらから水や火が出てくるGIFアニメスライドをつくってみます。

手順

① 映像を用意する

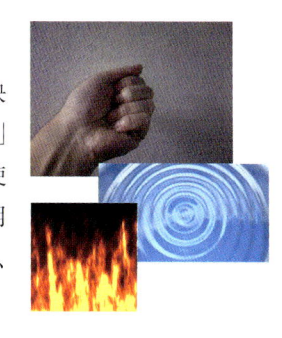

最初に、GIFアニメの基になる「映像」を用意しましょう。映像のファイル形式は何でも構いません。「mpg」「wmv」「avi」であればまったく問題ないでしょう。YouTubeの動画に使われている「flv」や「mp4」でも大丈夫です。サンプルで使用した「手」の映像は、携帯電話でムービー録画したもので、ファイル形式は「3g2」です。

36 「GIFアニメ」のつくり方

② 「GOM PLAYER」で映像を連続キャプチャーする

　映像をGIFアニメ化するために、映像を「複数枚の連続した静止画」に変換します。この変換には、無料の動画プレイヤー『GOM PLAYER』を使用します。

GOM PLAYER [フリーウェア]
http://www.gomplayer.jp/
提供：株式会社グレテックジャパン

まず、GOM PLAYERを起動し、メインウィンドウに映像ファイルをドラッグ＆ドロップします。「F7」キーを押して、コントロールパネルを表示させます。

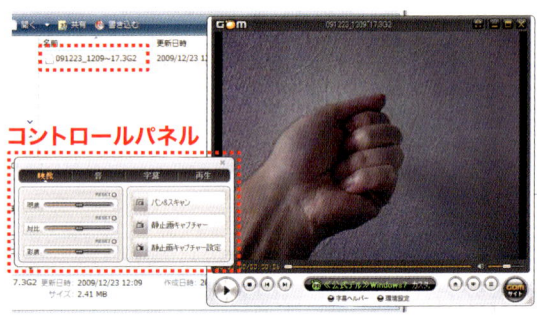

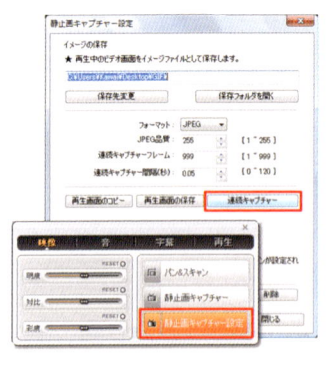

続いて、映像を静止画としてキャプチャーします。メインウィンドウの再生ボタンを押して映像をスタート。同時に、静止画キャプチャー設定ウィンドウにある「連続キャプチャー」のボタンを押すと、映像の静止画キャプチャーが始まります。

静止画像を保存したフォルダを開き、画像を確認します。不要な画像があれば、この段階で削除しておきます。

③ 連続した静止画像をGIFアニメに変換する

GIFアニメの作成には、GIFアニメ作成ソフト『Giam』を使用します。

Giam [フリーウェア] 提供：古溝 剛 氏
http://homepage3.nifty.com/furumizo/giamd.htm

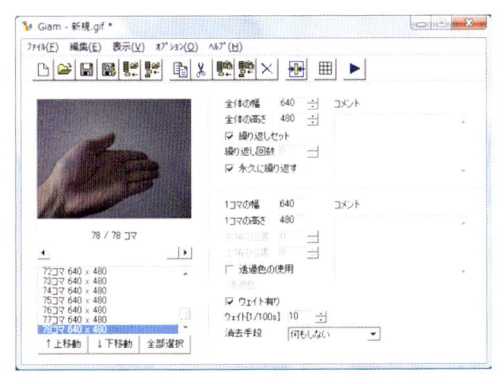

Giamを起動して、GIFアニメ化したい連続静止画像をすべて選択し、Giamのプレビューウィンドウにドラッグ＆ドロップ。「名前をつけて保存」すれば、GIFアニメの完成です！

④ GIFアニメをパワーポイントに取り込む

上記の手順で作成したGIFアニメは、パワーポイントでは通常の「画像」として扱えます。つまり、複数枚のGIFアニメを重ねて表示したり、それぞれを画像加工・アニメーション設定できるわけです。 PowerPoint2007/2010を使えば、GIFアニメ画像をさまざまな形状に変形させることができます。

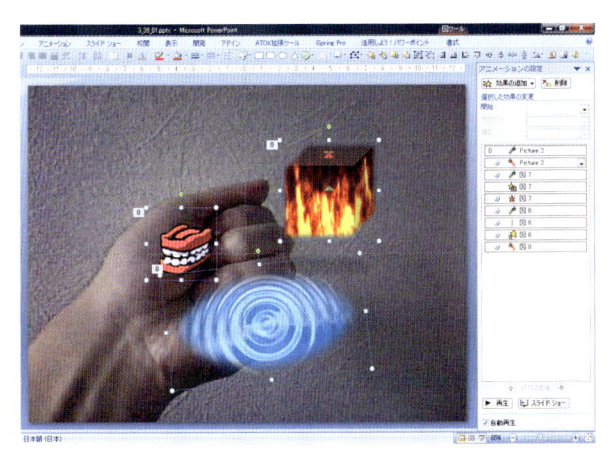

映像挿入では不可能な「重ね合わせ」や「変形」が可能。通常の画像と同じ感覚で扱うことができます。

GIFアニメ×パワーポイント。工夫すれば非常におもしろい表現ができそうです。

スライド制作テクニック【番外篇】「配付資料＝スライド」のプレゼン

before

　本来、「プレゼン用スライド」と「配付資料」は別々に最適化されたものを用意するもの。「これだけは絶対に伝えたい！」ことだけをプレゼンし、詳細・補足は配付資料としてじっくり読んでもらう、という形式にしたいところです。
　が、現実はどうでしょう？
「配付資料でスライドプレゼンしている」
といった状況が非常に多いのではないでしょうか？

　確かに、プレゼン用のスライドと配付資料を別々につくるのは、手間も時間も多めにかかることになります。しかし、プレゼンも配付資料も「同じパワーポイント資料を使う」となると、やはり双方とも不具合が生じてしまいます。
　例えば、プレゼンスライドに資料用の小さな文字が映し出されれば、「読めない（見えない）」ことになります。こうなると、「伝わり力＝ゼロ」になってしまいます。
　逆にプレゼンを意識した配付資料は「枚数ばかりやたらと多い」なんてことにもなります。プリントアウトやコピーがかさんでもったいないですね。

after

さて、この状況、どうすれば改善できるでしょうか？
ここで用いたいのが、

「ジャンプ率を高める」

というデザインの手法。
ジャンプ率とは、

〈文字の場合〉本文サイズとタイトル・見出しサイズの大小の比率
〈写真の場合〉同一画面内において一番小さな写真と大きな写真の比率

のことです。

　例えば、タイトル文字が大きく、本文文字が小さい場合、「ジャンプ率が高い」ということになります。
　では、このジャンプ率をどのように使うのか？

ジャンプ率を意識して
スライドをつくろう!

ここがポイント！

読み上げる文字を思いきり大きく、説明・補足は思いきり小さくする！

大きくする文字＝すなわち読み上げる部分はできるだけ絞り込み、そして簡潔に。説明文・補足文もできるだけ短く、最小限の分量に。

小さな文字（説明・補足）はあえてプレゼン時に読み上げなくてもいいでしょう。

プレゼンで説明しない部分は文字を小さく、読めなくする、

という発想です。

　あるいは「80:20の法則＝パレートの法則」に基づいた考え方とも言えます。20%の重要な要素を大きく際立たせ、80%の説明・補足要素は控えめにする……。

　プレゼン手法では「高橋メソッド」「もんたメソッド」というものがありますが、その「人名＋メソッド」に倣って、この手法を

「パレートメソッド」

とでも名付けてみましょうか。

　このようにジャンプ率を高めることで、伝えたいことが明確になります。この方法でスライドをつくれば、その制作プロセスでさらに考えがまとまっていくでしょう。プレゼンや提案書では、ついつい多くのことを"言いたく"なってしまいますが、「一番伝えたいことを一つだけ」という考え方をすることによって、もっと伝わる提案ができます。

　まあ、できればプレゼン用スライドと配付資料は分けたいものですが。

【参考】スライドプレゼンの効果

さまざまなスライド制作テクニックを盛り込んだプレゼンテーションスライド。それは具体的にどのような効果を発揮しているのでしょう？　事例をいくつかご紹介します。

43社コンペを勝ち抜く

私はとある会社のコンペに参加しました。コンペ参加社はなんと43社。課題は「会社説明会用ビデオ制作」でしたが、あえて「PowerPointスライドでの制作」を提案。ビデオに比べてインタラクティブな会社説明会が可能となることや簡単な修正が手元で行えること、そして、PowerPointとは思えない映像のような表現力などが評価され、見事採用となりました。

ちなみに、各部署の紹介は部署毎にビデオ撮影し、PowerPoint上で結合。もしビデオの修正が必要になっても、ビデオ全編を編集しなおすのではなく、修正が必要なパートのみの差し替えで対応が可能に。長く使える会社説明会ツールになりました。

1,500名の名刺を獲得

クライアントの依頼で展示会のプレゼン用スライドを制作。役者さん2名をプレゼンターに起用し、スライドと人が絡みながら進行する"演劇風"のプレゼンを実施しました。プレゼンがはじまるとどんどん人が集まり、展示会場のなかでも目立つブースに。結果、3日間の期間中に1,500名の名刺とアンケートを獲得できました。

社内モチベーション（士気）を上げる

周年式典で使用するメモリアルスライドをPowerPointで制作。社員のみなさんの協力で集めた豊富な写真と、当時のニュース映像、流行していた音楽を織り交ぜながら、会社の歴史をドラマチックに振り返る内容に。とりわけ音楽のタイミングにはこだわり、視覚と聴覚を刺激する展開にしてみました。努力の甲斐あって、式典の評判は上々。役員の方から「昔を思い出して涙が出そうになった」との言葉をいただきました。

講演依頼が増えた

某設備関連企業の会長からの依頼で、講演会用のスライドを制作。話したいことを整理し、伝えたい順番で話せるように、また、オーディエンスが退屈せず、内容に集中できるような見せ方でスライドを構築しました。講演会は非常に好評で、「講演の依頼が増えた」と喜んでいただけました。

プレゼンの内容に合わせた表現を採用することが成功のポイントです！

● はみだしコラム③

意外とおちゃめなMS。

自虐的とも言えるPowerPointのおもしろCMが話題に！

MSパワーポイント劇場「かぐや姫」篇

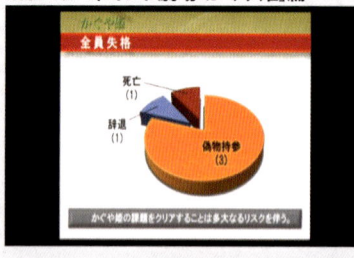

MSパワーポイント劇場「はだかの王さま」篇

MSパワーポイント劇場「つるの恩返し」篇

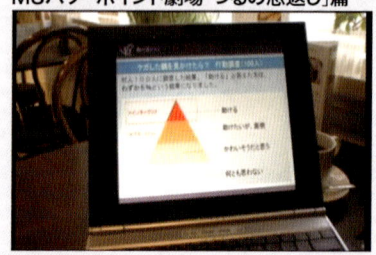

MSパワーポイント劇場「シンデレラ」篇

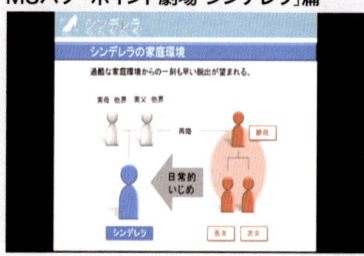

MSパワーポイント劇場「桃太郎」篇

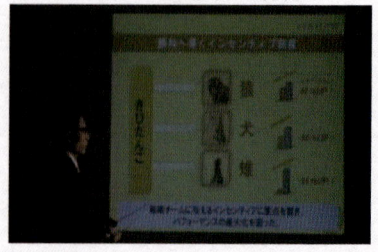

マイクロソフト(MS)と言えば、アップルに比べるとずいぶんお堅い企業イメージがありますが、その既成概念をぶち壊すようなおもしろい動画がYouTubeにアップされています。
→YouTubeで「パワーポイント昔話」を検索

これらの映像はOffice製品のプロモーション用につくられたものらしいのですが、内容がかなりおもしろく笑えるのです。いわゆる「PowerPoint風」と揶揄されている表現を、思いっきりパロディ化しているのですから、ある意味"自虐的"な映像でもあるのです。

が、単に笑えるだけの映像ではありません。「なるほど、PowerPointを使えば、いろんなことをおもしろく伝えられるんだ」なんてことに気づかせてくれる映像なのです。

プレゼンをもっと身近に。プレゼンをもっと楽しく。おもしろいプレゼンは、ほら、伝わるでしょ？——そんなメッセージが込められているようにも感じます。

ぜひ一度ご覧ください。

第4章

これからのプレゼン

01 身近になったプレゼン

　2008年7月11日、アップルの「iPhone」が日本発売されました。これまでの携帯電話とはまったく異なる操作と形状。とりわけ、カラフルなグラフィックを表示する大きなディスプレイは、インパクト抜群でした。人々は未来のビジュアル装置を手に入れた気分になりました。iPhoneの画面を相手に見せるシーンがあちらこちらで見られました。

　iPhone熱が高まるなか、突如「Twitter」に火がつきました。iPhoneとの親和性が高いこともあり、お互いのユーザーが加速的に増えました。みんなは自分のことを語るようになり、会ったこともない相手の言葉に関心を持つようになりました。

　そうこうしているうちに、今度は「Ustream」が現れます。だれもがiPhone一つで放送局を開設できるようになりました。個々人が「コンテンツ」を持ち、「メディア」になれる時代がやってきたのです。その背景には、もちろん、YouTubeやニコニコ動画による映像コミュニケーションの浸透があります。

　そんな流れに、「iPad」が投入されました。iPhoneやiPod touchと異なる点は、9.7インチの大きなディスプレイ。もはやこれは、"自分のためだけの贅沢な画面"ではありません。そう、iPadユーザーは、このディスプレイを使って、相手に話しかけはじめたのです。iPadは「見る」だけでなく、むしろ「見せる」ツールとして活用されはじめました。この行為、別名を"プレゼンテーション"と言うことはみなさんご存じのとおりです。画面を相手に向ければ、くるりと表示が回転する。これをプレゼンに使わない人はいないでしょう。

　このように、iPhone、iPadとソーシャルメディアの相乗的な進展は、ここ日本にも多くのプレゼンの場を創出しています。

　いまやプレゼンは、日常的なコミュニケーションになろうとしています。一昔前のように、ビジネスにおける社内外への提案のみをプレゼンと呼ぶ時代は終わり、「知ってほしいことを相手に知ってもらう」「希望どおりに相手に行動してもらう」ためのコミュニケーション全般をプレゼンテーションとみなすようになってきました。"変化を目的とするコミュニケーション"、それがプレゼンテーションと言えるでしょう。

　さて、このようにプレゼンは、私たちの日常を変化させるためのツールとして浸透しつつあります。Ustreamの利用はまさにプレゼン。iPadもプレゼンツールとして進化していくでしょう。

　身近になったプレゼンをうまく活用し、理想を現実へと変化させていくために、本章ではiPadを中心に、携帯端末を使ったプレゼン術をご紹介していきます。これらのツールを使えば、いつでもどこでも用意したプレゼンが行えます。

iPad／iPhone によるプレゼン

■ 写真を使ったプレゼン

　もっとも手軽なプレゼン手法。写真を説明しながら、スワイプやフリックで写真を送っていきます。スライドショーでオートマチックに見せることもできます。

■ 映像を使ったプレゼン

　説得力なら、映像プレゼンです。iPhoneで撮影したリアルな映像でプレゼンができます。また、PowerPoint2010で書き出したスライドショーの映像を取り込めば、iPhoneやiPadでも"疑似PowerPointスライドプレゼン"が可能となります。

■ PDFを使ったプレゼン

　細かい表示もキレイに拡大できるのがPDFの特徴。全体像の描かれた1枚のPDFを表示し、ピンチアウト／インで拡大・俯瞰して見せる、といったテクニカルなプレゼンを実現します。

■ Keynoteを使ったプレゼン

　iPadでのプレゼンと言えば、やはりアップルのKeynote。アニメーションやトランジション（画面切り替え）を設定したインパクトのあるプレゼンができます。iPadでそのまま見せても、プロジェクターで投影してもOK。フレキシブルなプレゼンに対応します。

02 iPadでプレゼン

◆ iPad のビジネス活用

　"プレゼンマシン"とも呼ばれている「iPad」。すでにビジネスの現場では、営業や打ち合わせで積極的に活用されています。その好例が、株式会社ノバレーゼが運営するウエディングドレスショップ「NOVARESE」での導入事例です。

　同社では、ショップでのドレスの紹介にiPadを利用。モデルがドレスを着用した状態を「写真」だけでなく「映像」でも観せられるようにしています。iPadはお客様自身（主にカップルの男性のほう）が操作。二人で自由にドレス選びができます。

　では、この事例におけるiPadプレゼンの特徴を見てみましょう。

① シンプル、なのに多彩

　なんと言っても、シンプル、これに尽きます。

　ツールは一つ、iPadのみ。パンフレットもプロジェクターも必要ありません。写真も映像もiPadのなかに入っているのです。

　そして操作もシンプル。見たいドレスを選び、タッチするだけ。ページを送るのも戻すのもスワイプでOK。そのスピードも自分の指先で調節できます。

　シンプルな機材、シンプルな操作で、さまざまなシーンが飛び出してくる。この"びっくり箱"のようなプレゼンが、見る人の心をわしづかみにします。そう、「おもしろい（興味を惹く）」ことは、プレゼンの効果を大きくアップするのです。

② 実物、プラス想像

　『「映像」の使い方』（P140）でも取り上げましたが、「実物」に触れることがもっとも伝わりやすい、かと言うとそうではありません。ドレス選びもまさにそのとおり。ハンガーにつり下げられたドレスを見ても、どれを着たいかはさっぱりわからないでしょう。たとえ試着してみても、いまいち実感はわきません。そう、鏡に映った自分自身よりも、それを客観的に眺めるほうが「現場」を実感できるのです。

　ドレスを着たモデルを多角的に撮影した写真。それを見てはじめて、そのドレスの本当の特徴を知るでしょう。モデルがドレスを着て歩く映像。その姿に自分を重ねることで、披露宴の様子がイメージできるようになります。

　写真や映像は、それが"現実"であることを示すのと同時に、"想像"を強く刺激します。本物の自分をその現場に置く、というリアルな想像です。リアルな想像は、人を行動に駆り立てる強いモチベーションとなります。

　iPadの9.7インチディスプレイは、リアル感を提示し、イメージを呼び寄せるのにちょうどいい大きさなのかもしれません。

③手許、という距離

　iPad単体でのプレゼン。その特徴は、相手との"距離"にもあります。

　B5サイズほどのボディを相手に見せ、ときには相手が操作する——そのときのお互いの距離は、もはやテリトリー圏内と言えます。

　人のテリトリーは「パーソナルスペース」と呼ばれています。アメリカの文化人類学者のエドワード・ホールは、このパーソナルスペースを次の4つのゾーンに分類しました。

密接距離（0〜45cm）：ごく親しい人にのみ許されるスペース
個体距離（45〜120cm）：相手の表情を読み取ることができるスペース
社会距離（1.2〜3.5m）：相手と会話ができるスペース
公共距離（3.5m以上）：複数の相手を見渡すことのできるスペース

　通常の商談は1.2〜2m程度だそうです。複数人を相手にしたプレゼンならそれ以上の距離が取られるでしょう。

　それに比べてiPadによるプレゼンは、個体距離、ときには密接距離まで相手と近づくことになります。それも自然に、必然的に。一つのiPadを囲むという状況が、心の距離をも近づけてくれます。

　近いプレゼン。それはiPadならではのメリットと言えるでしょう。

　ノバレーゼ社では、iPadを「販促ツール」として位置づけています。これは、iPadが強い訴求力を持つツールとして認識されていることを物語っています。「販売促進にも使える」ではなく、「販売促進に最適」なツールなのです。

　かつてはパンフレットやカタログといった"印刷物"が販促ツールの主流でしたが、ウェブの登場で販促のメディアはコンピュータディスプレイに移行し、マーケティングそのものが様変わりしました。そしてiPadの登場は、営業や商談といった"対面"のコミュニケーションを新たなステージに導こうとしています。

　考えてみれば、面と向かってのコミュニケーションは、昔からさほど進化していないように見えます。半世紀前の営業活動も、現代の営業とほとんど変わっていないかもしれません。やはりそこは人と人。その点においては今後も変わりようはないでしょう。

　しかし、iPadは"伝え方"を大きく進化させるツールです。これまでのトーク中心の伝え方から、"iPadスキル"が問われる営業へと変わっていくかもしれません。営業活動は、より具体的で"現場的"な伝え方へと移行していくでしょう。営業ツールだけではなく、営業そのものが進化していくのです。

　名刺以来の会社案内ツールとして。パンフレットに取って代わる営業ツールとして。そして対面コミュニケーションを変えるプレゼンツールとして——。iPadがビジネスツールの未来を革新していきます。

02 iPadでプレゼン

◆ iPadでできるプレゼン

それではここから、iPadでどのようなプレゼンができるのかを具体的に見ていきましょう。ご紹介する手法は以下の4種類です。

① Keynote for iPad

Keynote（キーノート）は、アップル社製のスライドウェア（プレゼンテーションソフト）。オフィス作業効率化スイート「iWorks」に含まれています。iPadの登場によってKeynoteを知った方も多いのではないでしょうか。

「Keynote for iPad」は、KeynoteをiPad用に移植したiPad向けアプリ（1,000円※2014年9月現在）。本家Keynoteよりも機能が少ない分、シンプルなスライドをiPad上でつくることができます。

② PowerPoint to Keynote

PowerPointスライドをKeynote for iPadに移植する——この使い方がいまもっとも求められているように思います。犬猿のように扱われてきたPowerPointとKeynote。その禁忌とも言えるコラボレーションにチャレンジしてみます。

③ PDF

PowerPointが起動しないiPadにおいて、Keynoteを使わずにプレゼンを行う現実的な手法が、PDFの活用です。アニメーションは付けられませんが、移動／拡大／縮小を駆使した、意外とおもしろい見せ方も可能です。

④ 写真／映像

もっとも簡単、しかし効果は絶大なプレゼン手法。いつでもさらっと印象的な見せ方ができるように準備しておきましょう。

---

iPad + プロジェクターについて

iPadは、専用のVGAアダプタやAVケーブルを使って、外部のプロジェクターやモニタに画面を映すことができます。が、初代iPadの場合、すべてのアプリケーションでこれが可能なわけではありません。具体的には、アップル製アプリケーションでは、ビデオ、YouTube、Keynoteは画面出力OK。写真はスライドショー再生のみ表示。Safariでは一部のビデオコンテンツのみ。そしていずれも、外部出力された画面をiPadの画面で確認することはできません。プロジェクターや大型ディスプレイを使用する際には注意が必要です。

Keynote

App Store
仕事効率化
1,000円
※2014年
9月現在

Keynote *for* iPad

ワンビジュアル+ワンメッセージ+スリーアクション

　"Keynoteっぽいスライド"を目指すのなら、やはり「ワンビジュアル+ワンメッセージ」を心がける必要があるでしょう。

　1枚のスライドに1つのビジュアル。それは、写真、イラスト、グラフ、もしかすると文字そのものの場合もあります。画面のどこかに「角写真」として配置するよりも、画面全体をビジュアルで覆ったほうがインパクトが出るでしょう。スライド毎の統一感もつくりやすくなります。「白い背景に切り抜き画像」という組み合わせが、もっともデザインしやすく、メッセージも際立つでしょう。

　1枚のスライドに1つのメッセージ。メッセージは提案や呼びかけだけでなく、事実の開示やQ&AのAに相当する言葉になることもあります。1つの単語。1つの数字。1つの問いかけあるいは答え。それがスライドのメッセージになります。そのメッセージをキーワードにプレゼンは展開されます。

ビジュアル
写真、イラスト、グラフ、文字等

メッセージ
提案、事実、Q&AのQまたはA等

02 iPadでプレゼン

そして、1枚のスライドに3つのアクション。もちろん、無理にアクションをつける必要はありません。最大3つ、と考えていただければいいでしょう。

1. 開始　**2. 提示**　**3. トランジション**

まず1つめのアクションは、「開始」のアニメーションです。

これは「スライドのはじまり」を意識させるためのアニメーションであり、スライドの冒頭で自動的に表示されるように設定します。

開始のアニメーションは、相手の視線を誘導し、「どこに注目すべきか」を明確にします。

あまり凝りすぎず、動きが冗長にならないように気をつけましょう。

「バウンド」で登場

2つめのアクションは、「提示」のアニメーションです。

これは、表示内容に対する"意味"を差し出すアニメーションであり、画面をタップすれば表示されるように設定します。

例えば、はじめに「44km」と表示されていて、画面をタップすると「ボルトの走る時速」という文字がアニメーション表示される、といった具合です。

なにを先に表示させ、なにを後から表示させるか? その順番がポイントになります。

「ムーブイン」で画面右から登場

158

PowerPoint to Keynote

　そして3つめは、「トランジション」、つまり画面の切り替えアニメーションです。

　これは、スライドとスライドを結ぶアニメーションであり、画面のタップで進行するように設定します。

　Keynoteはこのトランジションが非常に美しく、インパクトがあります。

スライドを切り替えずに進行する

　その美しくインパクトのあるトランジションですが、使いすぎるとやはり食傷気味になります。ときにはスライド切り替えを感じさせずにプレゼンを進行させましょう。

　そんなときに使えるのが、「横へ横へと移動する」(P82)のテクニック。Keynoteでも考え方は同じです。

数字が右から登場　　　**文字が左へ消える**　　　**文字が右から登場**

登場①
消去
登場②

スライドは「登場」と「消去」のスライドで構成します。
まずは「登場①」。「嫌い。」の文字に、[ムーブイン/左へ]のアニメーションを設定します。
トランジションは[なし/前のトランジションの後]に。
次の「消去」のスライドでは、「嫌い。」の文字に[ムーブアウト/左へ]を設定。
トランジションは[なし/前のトランジションの後]に。
3枚めの「登場②」では、「208人〜」の文字に、[ムーブイン/左へ]を設定。
トランジションは[なし/タップ時]に設定します。

これで横へ横へとつながっていくスライドの完成です。
iPadのKeynoteでは、重なったオブジェクトを指先で触って設定するのがむずかしいので、このように「スライドを分ける」という考え方も大切でしょう。

02 iPadでプレゼン

PowerPoint
to Keynote

Windows + PowerPoint でつくり、Keynote for iPad でプレゼンする

　iPadで初めてKeynoteに触れた、という方も多いかと思います。Windowsユーザーなら、ほとんどの方がそうではないでしょうか。

　Keynoteでのプレゼン。それは万人の憧れでした。

PowerPointはダサい。Keynoteはかっこいい！

　これが世間の統一見解です。Keynoteを使いさえすれば、あの「PowerPointによる死」的プレゼンから脱却できるような気がするのです。

　……と思いながらも、iPad + Keynoteでプレゼンをしようと考えているWindows + PowerPointユーザーは、こうも考えるでしょう。

（PowerPointファイルがそのまま使えたら！……）

　新たにKeynoteでかっこいいスライドをつくるのもいい。でも、過去につくったPowerPointの資産も活用したい！

　しかし！ Windows + PowerPointという環境でつくられたPowerPointファイルは、Keynoteに読み込んだ途端、フォントは形状を変え、図形はばらばらに。アニメーションはほぼ壊滅状態となり、当然効果音も反映されません。

　現実的には、過去にWindows + PowerPointでつくったファイルをiPad + Keynoteでそのまま使うことはむずかしいと言えるでしょう。簡単な内容のものであっても、やはりKeynote上でつくりなおす必要が出てきます。

　過去のファイルはあきらめました。しかし、なんとかKeynote for iPadで使えるファイルを、使い慣れたWindows + PowerPointでつくれないものか？……

PowerPoint to Keynote

そこで、Windows + PowerPointでつくったファイルをKeynote for iPadで読み込み、互換性を調べてみました。調査項目は以下のとおりです。

> PCからiPadへのPowerPointデータ転送には、PDFリーダー『GoodReader』を使用しました。→ 使い方はP170

①フォント

PowerPointでよく使われているフォント（欧文・和文）をサンプルとして抽出。ボールドやイタリックも試してみました。

②グラフ／図形

グラフ作成機能で作成したグラフや、SmartArtグラフィック、透過させた図形、コネクタなどを配置。

③クリップアート

写真、イラスト、GIFアニメを配置。写真は、指定色を透明にしたものやトリミングしたもの、形状を変更したものも含めました。

④アニメーション効果

「開始」「強調」「終了」のアニメーションがどのように変化するのか？ ほとんどの効果を試してみました。画面切り替え効果もいくつか調べています。

⑤ハイパーリンク

オブジェクトにハイパーリンクを設定し、指定したスライドにジャンプするかどうかを試してみました。

【調査結果の概要】

①フォント

〈欧文〉

Arial	→ Arial
Arial Bold	→ **Arial Bold**
Times New Roman	→ Times New Roman
Arial Black	→以下 Helvetica
Calibri	
Century Gothic	
Gill Sans MT	
Impact	
……	

〈和文〉

MS P ゴシック	→ Helvetica
MS P ゴシック Bold	→ **Helvetica Bold**
MS P 明朝	→以下 Helvetica
HGP 創英角ゴシック	→以下 Helvetica
HGS ゴシック E	
……	

02　iPadでプレゼン

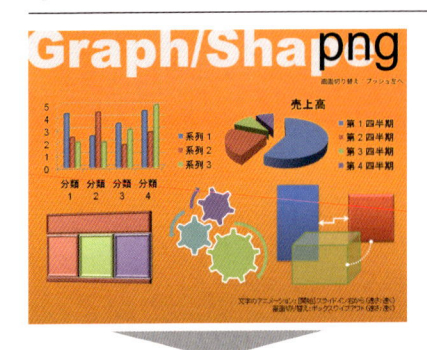

②グラフ／図形

〈グラフ〉
立体の表現が無効に。
しかし意外なことに、グラフの編集機能は生きていました！

〈図形〉
SmartArtグラフィックは、色は保つものの形状が変化。図形の塗りの透過部分は透過を保っていましたが、線や面などのパーツがばらばらになっていました。

コネクタは、形状は保っていましたが、オブジェクトとの連結は外れていました。

③クリップアート

通常のトリミングは問題なく適用されています。が、形状を変更するトリミングは無効になっていました。
また、指定色を透明にする効果も無効化されています。
GIFアニメーションも機能していません。

PowerPoint to Keynote

④アニメーション効果

〈開始〉

開始効果の多くが「ディゾルブ」に変換されていました。
以下、その他の主立った変換を挙げておきます。

PPT	KEY	PPT	KEY
クロールイン（右から）	→ムーブイン（左へ）	マグニファイ	→拡大縮小（縮小）
スライドイン(左上から)	→ムーブイン（右下へ）	エクスパンド	→拡大縮小（拡大）
ピークイン（右から）	→ムーブイン（左へ）	フェードとズーム	→拡大縮小（拡大）
アップ	→ムーブイン（右へ）	ズーム（イン）	→拡大縮小（拡大）
イーズイン	→ムーブイン（右へ）	フォールド	→拡大縮小（縮小）
ダウン	→ムーブイン（下へ）	グローとターン	→渦巻き（時計回り）
ライズアップ	→ムーブイン（上へ）	スピナー	→渦巻き（時計回り）
グライダー	→ムーブイン（右へ）	ピンウィール	→渦巻き（時計回り）
クレジットタイトル	→ムーブイン（右へ）	スイッシュ	→ドロップ（正方向）
スリング	→ムーブイン（右へ）	バウンド	→ドロップ（正方向）
スレッド	→ムーブイン（右へ）	フリップ	→ドロップ（正方向）
ライトスピード	→ムーブイン（右へ）	フェードとターン	→反転（正方向）
リボルブ	→ピボット（左下へ）	ターン（横）	→反転（正方向）
カーブ（上）	→ピボット（左下へ）	フラッシュ	→出現
スパイラルイン	→ピボット（左上へ）	コンプレス	→圧縮（中央揃え）
ブーメラン	→ピボット（左上へ）	ホイップ	→ポップ（正方向）
フロート	→ピボット（左上へ）		

〈強調〉強調効果はすべて無効になっていました。
〈終了〉ほとんどが「開始」効果の変換に対応しています。
〈画面切り替え〉
多くが無効化されていましたが、下記のものは対応する効果がありました。
PowerPoint2010では、"Keynoteライク"な画面切り替えが用意されていますが
（キューブ、扉、ボックス等）、これらも無効化されました。

PPT	KEY	PPT	KEY
スライドアウト（左へ）	→出現（左へ）	ボックスワイプアウト	→拡大縮小（拡大）
プッシュ（左へ）	→プッシュ（左へ）	ニュースフラッシュ	→渦巻き（時計回り）

⑤ハイパーリンク

ハイパーリンクはすべて無効になっていました。

02 iPadでプレゼン

**Keynote 向けのスライドを
Win + PowerPoint でつくる！**

　以上の調査結果を踏まえて、Keynote for iPad に最適化したスライドを Windows + PowerPoint 環境でつくってみましょう。

　まずは、サンプルとして制作した PowerPoint スライドを Keynote で観た状態をご覧ください。（下記画像）

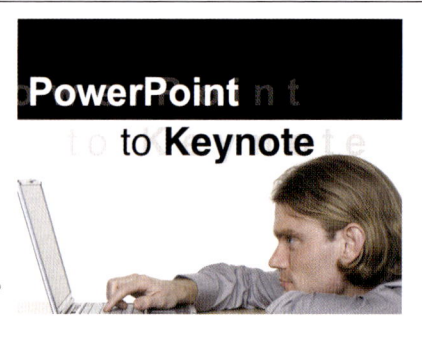

サンプルスライド ※Keynoteでスライドショー表示したもの

タイトルスライド

使用するフォントについて
- Arial Bold
- Calibri Bold
- MS Pゴシック
- MS Pゴシック Bold

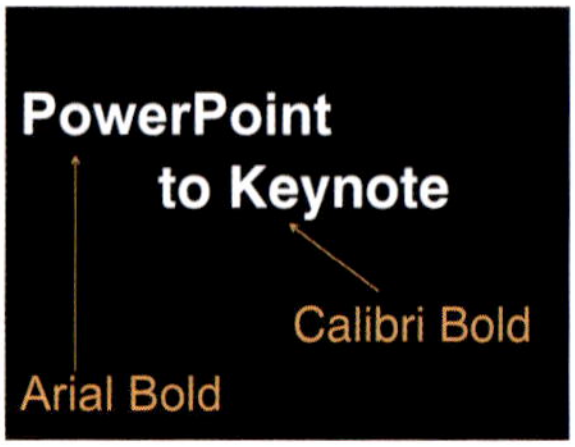

使用するアニメーションについて
- アニメーション効果は、スライドイン、
- アニメーション効果は、ホイップ、
- 以上8種類を使い分ける！

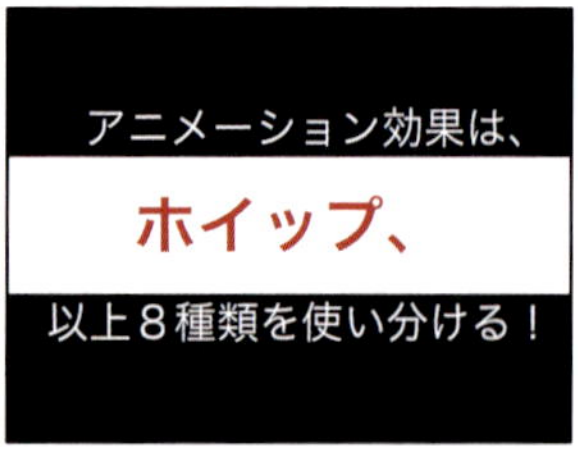

スライドの基本構成
ワンビジュアル ＋ワンメッセージ

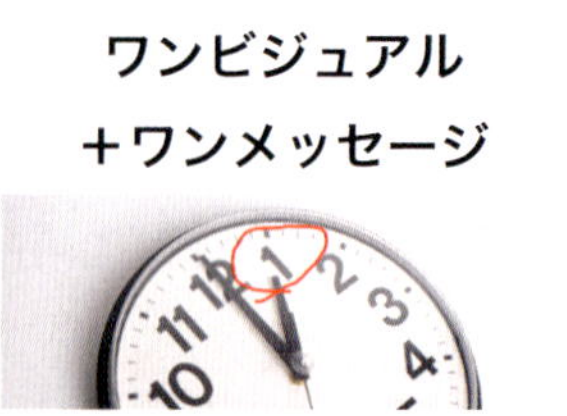

トランジションについて
トランジションは Keynote for iPadで 設定しましょう。

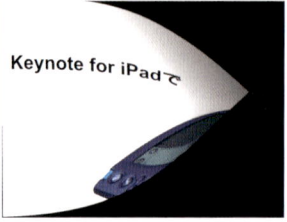

PowerPoint to Keynote

【使用するフォントについて】

　Windows + PowerPointで使用するフォントは、欧文フォント3種類、和文フォント2種類のみとします。

[欧文フォント]

[見出し]

Arial Bold　　　　　　　　Keynote → **Arial Bold**

[本文]

Arial　　　　　　　　　　　Keynote → Arial

[アクセント]

Times New Roman　　　　　Keynote → Times New Roman

[和文フォント]

[見出し]

MS P ゴシック Bold　　　Keynote → **Helvetica Bold**

[本文]

MS P ゴシック　　　　　　　Keynote → Helvetica

　欧文フォントでは、Arialの代わりに「Calibri」を使用しても構いません。CalibriはKeynoteでは「Helvetica」に変換されます。ArialもHelveticaも非常に似た書体です。「でもやっぱりHelvetica！」という方には、Calibri + Calibri Boldの使用をお奨めします。

※ **Windows + PowerPoint での見え方**

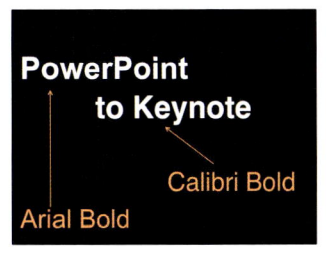

PowerPoint to Keynote
Arial Bold
Calibri Bold

パワーポイントから、キーノートへ。
MS Pゴシック
MS Pゴシック Bold

02 iPadでプレゼン

【使用するアニメーションについて】

　アニメーション効果は、下記の8種類で構成していきます。すべて[開始]と[終了]は互いに対応するものが使用できます。（例えば、[開始]スライドインに対応するのは[終了]スライドアウト）

[開始効果] ※(　)内は[終了]効果

スライドイン（スライドアウト）	Keynote →**ムーブイン**（ムーブアウト）
ズーム（ズーム）	Keynote →**拡大縮小**（拡大縮小）
スピナー（スピナー）	Keynote →**渦巻き**（渦巻き）
スイッシュ（スイッシュ）	Keynote →**ドロップ**（ディゾルブ）
ターン（ターン）	Keynote →**反転**（反転）
フラッシュ（フラッシュ）	Keynote →**出現**（非表示）
コンプレス（ゴム）	Keynote →**圧縮**（伸張）
ホイップ（ホイップ）	Keynote →**ポップ**（ポップ）

　[スライドイン]（スライドアウト）は各方向に対応し、[ズーム]は「イン」「アウト」の両方を使い分けることが可能です。バリエーションで考えると、意外と多彩な表現をKeynote上でも再現できます。

【画面切り替え（トランジション）について】

　画面切り替え（トランジション）は下記のものが使えます。
　が、せっかくのKeynote。美しくインパクトのある効果を設定したいものです。
　画面切り替えに関しては、Keynote for iPadに取り込んでから、まとめて設定してもいいでしょう。

[画面切り替え効果] ※(　)内はKeynoteの対応効果

スライドアウト（→出現）	**ボックスワイプアウト**（→拡大縮小）
プッシュ（→プッシュ）	**ニュースフラッシュ**（→渦巻き）

PowerPoint to Keynote

【Keynoteにおけるトランジションの設定】

　このサンプルでは、アニメーション効果を紹介するスライドを下記のような流れにしています。
(例)「スライドイン」のスライドの場合
①「スライドイン」の文字がスライドインで登場
↓(**画面タップ**)
②「スライドイン」の文字がスライドアウトで消える
↓(**スライドが自動的に切り替わって**)
③次のスライドの文字が登場

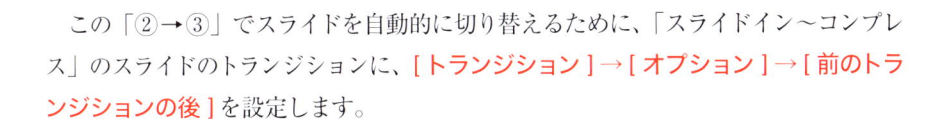

　この「②→③」でスライドを自動的に切り替えるために、「スライドイン～コンプレス」のスライドのトランジションに、[トランジション] → [オプション] → [前のトランジションの後] を設定します。

【その他の注意点】
◆もちろん「ワンビジュアル + ワンメッセージ」を心がけましょう。
◆オブジェクトは大きめに、アニメーション効果は少なめに。iPad+Keynote上で小さなオブジェクトはつまめません。
◆和文フォントは、Windows + PowerPointの状態で見るよりも、縦横へ少し膨れたフォントに変換されます。文字は周りの空間に余裕をもって配置してください。
◆グラフは立体効果が失われますので、平面のシンプルなグラフを選びましょう。
◆トランジションは、あとからまとめてKeynoteで設定します。まとめて設定することで、プレゼンの全体像やスライドのつながりがはっきりと見えてきます。
◆「PowerPointで大枠を制作し、Keynoteで仕上げる」という気持ちで取り組みましょう。

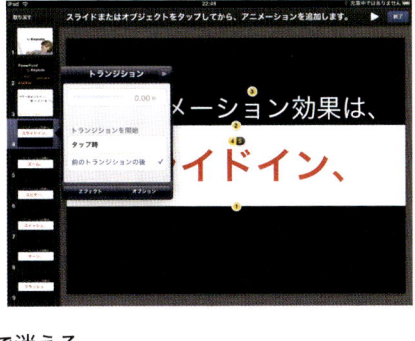

02 iPadでプレゼン

iPadプレゼンの決定版!

「これまでにつくったPowerPointスライドでiPadプレゼンがしたい!」ということでしたら、PDFでのプレゼンがお奨めです。PowerPointから書き出したPDFを使えば、Keynoteで開いたときのようにフォントやレイアウトが崩れることはありません。アニメーション効果は使えませんが、代わりに、PowerPointにもKeynoteにもない操作が可能です。それは、

部分的な拡大や移動。

PowerPointやKeynoteのスライドショーでは、スライドの一部分を拡大することはできません。また、ピクセル(画素)の集まりである写真は、拡大すると画質が悪くなります。が、ベクタ形式(形状を数値によって表現する方法)を採用しているPDFなら、文字や図形を精細な輪郭を保ったまま拡大できます。

例えば、紙の企画書として作成したPowerPointスライドも、PDFにすれば細かい表現も拡大して見せることができます。拡大したままスライド内を移動することも可能です。

使い方によっては、アニメーションよりも効果的な見せ方ができるでしょう。

PDFプレゼン〈基本編〉

それでは、まずはオーソドックスなPDFの使い方をご紹介します。

【PDFの書き出し】

プレゼン用のPDFは、PowerPointから書き出しましょう。PowerPoint2007および2010では、[名前を付けて保存]→[PDF]で簡単にPDFを作成できます。([最適化]の選択は[標準]にチェック)

ちなみに、画像(写真)はPDFにしてもベクタ形式にはなりません。拡大すると画質が悪くなります。ある程度解像度の高い写真を使用してください。

PDF

【PDF 閲覧アプリを使う】

PDF ファイルを iPad に転送し、閲覧するには、PDF 閲覧アプリが必要です。ここでは、代表的な PDF 閲覧アプリとその使い方をご紹介しましょう。

CloudReaders 【無料】

「CloudReaders」は、無料のPDF閲覧アプリです。無料だからといって侮ることなかれ。動きが軽快で操作のストレスがあまりありません。ピンチアウト／インによる拡大／縮小にも対応。iPad そのものを使った PDF プレゼンに最適です。

■ **iTunes の画面**

■ **CloudeReaders の画面**

■ **PC のブラウザ画面**

〈**PDFファイルの転送**〉

PDFファイルをPCからiPadに転送する方法は2種類。「USB転送」と「Wi-Fi転送」です。

「USB転送」は、USBケーブルでiPadとPCをつなぎ、iTunesでファイルを取り込む方法。

USB接続した状態でiTunesのデバイスでiPadを選択し、[App]タブをクリック。[ファイル共有]でCloudReadersのアイコンを選び、[文書]のエリアにPDFファイルをドラッグ＆ドロップすればOKです。

iPadとPCがWi-Fiでつながっている場合は、ワイヤレスでファイルを転送できます。

まず、CloudReadersを起動し、左下の[Wi-Fiアイコン]をタップ。表示された[URL]にPCのブラウザからアクセスすると、ファイル転送画面が表示されます。指示に従ってファイルを選択、もしくはそのブラウザ画面にファイルをドラッグ＆ドロップすれば、転送が可能となります。

〈**CloudReaders の使い道**〉

操作が非常に軽快で、拡大／縮小もスムーズ。スライド送りの方向もワンタップで設定できます。iPad 上で操作するには使い勝手がいいでしょう。

しかし、問題はプロジェクターに接続したとき。

02 iPadでプレゼン

■ VGA アダプタ

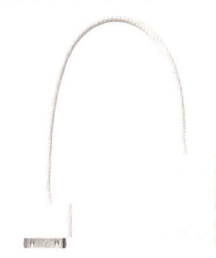

　VGAアダプタやAVケーブルを使ってiPadとプロジェクター（あるいは外部モニタ）を接続した際、プロジェクター出力はされるのですが、残念ながらピンチアウト／イン（拡大／縮小）の操作が投影画面に反映されません。

　PDFプレゼンは、この拡大／縮小が大きな魅力。CloudReadersは、プロジェクター出力ではなくiPad本体でプレゼンをするときに有効なアプリと言えます。

GoodReader for iPad 【300円】 ※2014年9月現在

「GoodReader」は、非常に多機能なファイルビューアーです。PDFを含め、画像、動画、音楽、そしてPowerPointやKeynoteまで、さまざまな形式のファイルが閲覧できます。iPadとPC間のファイル転送方法も多彩。他アプリへのファイルアップロードも可能です。

■ GoodReader の画面

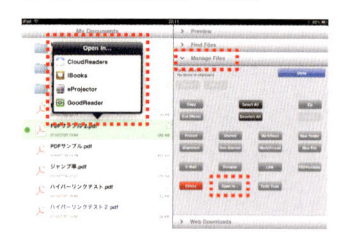

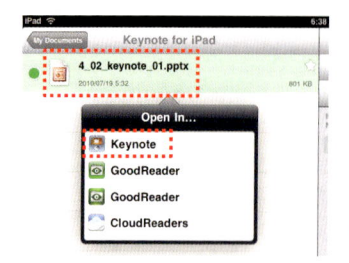

〈ファイルの転送〉

　ファイルの転送方法は、「USB転送」と「Wi-Fi転送」に関しては前述の「CloudReaders」と同様です。（ただし、PCブラウザへのドラッグ＆ドロップには未対応）

　ここでは、「Open In...」という機能をご紹介しましょう。GoodReaderは、取り込んだファイルをさまざまなアプリで開くことができるのです。

　方法は簡単。GoodReaderで[Manage Files]というタブをタップします。続いて、開きたいファイルをタップ。すると、[Open In...]というボタンが選択できるようになります。そこでこの「Open In...」ボタンをタップすると、ファイルを開くことのできるアプリが一覧表示されます。

　例えばPowerPointの「.pptx」ファイルなら、「Keynote」「GoodReader」「CloudReaders」の3つのアプリで開くことができるのです。

　[Open In...]で一度開いたファイルは、そのアプリのファイルメニューにコピーされます。

PDF

〈GoodReader の使い途〉

　GoodReaderはプロジェクターへの出力にも対応しています。そしてなんと、外部出力した画面でも、ピンチアウト／インによる拡大／縮小も可能です。これでプロジェクターを使って思う存分、拡大・縮小・移動を駆使したPDFプレゼンができます！

　……と思いきや、現時点では少し問題がありました。その問題とは、拡大／縮小時のPDFの読み込み。遅いのです、読み込みの速度が。拡大して移動すると、なにも表示されていない状態になることがあります。しばらくするとちゃんと表示されるのですが、キュッと拡大してキュッと移動してキュッと縮小する、という素早い動きはできません。

　通常のスライド送りはスムーズですので、プロジェクターでのプレゼンにも使えますが、拡大／縮小するときはスピードに少し気をつけましょう。

iBooks 【無料】

　iPadの代表的な電子書籍閲覧アプリ、「iBooks」。PDFの閲覧にも対応しています。しかも、iPad上での操作はとても軽快。ピンチアウト／インも驚くほどスムーズです。

　ファイルの転送は「USB転送」もしくは「添付メールから開く」を使用。「Wi-Fi転送」には対応していません。

　本来が電子書籍を閲覧するためのアプリとあって、スライドに「付箋」を付けることもできます。スライドの一覧表示もワンタップでOK。プロジェクターへの出力には対応していませんが、iPad本体を使ったプレゼンは快適に行えるでしょう。

eProjector 【300円】※ 2014年9月現在

　位置づけとしては"プレゼンテーション用アプリ"となるのでしょうか。iPhone／iPod touchをリモコンにしてプレゼンを進行できます。画面の上に指を置くと、そこに赤いレーザーポインターが表示される、という機能もあります。

　プロジェクター出力に対応していますが、ピンチアウト／インによる拡大／縮小はできません。シンプルにスライドを送っていくタイプのプレゼンには使いやすいでしょう。

02 iPadでプレゼン

iPad + PDF で「キネティックプレゼン」に挑戦！

　スライドを一枚一枚送っていくプレゼンではなく、一枚のスライドのなかを接近・移動・俯瞰を繰り返しながら探検していくようなプレゼン。拡大表示が精細なPDFなら、それが可能です。

　このプレゼン手法、見た目が「キネティックタイポグラフィ」(P122)に似ているので、ずばり「キネティックプレゼン」と名付けてみました。ちなみに「キネティック(kinetic)」は、「動的な・活動的な」という意味です。

　PDFプレゼンの魅力をもっとも発揮できる手法──キネティックプレゼン。それでは早速、チャレンジしてみましょう。

ダウンロード
04_02_PDF.zip　解凍パスワード　pdf
URL:http://www.seishisha.co.jp/presen/

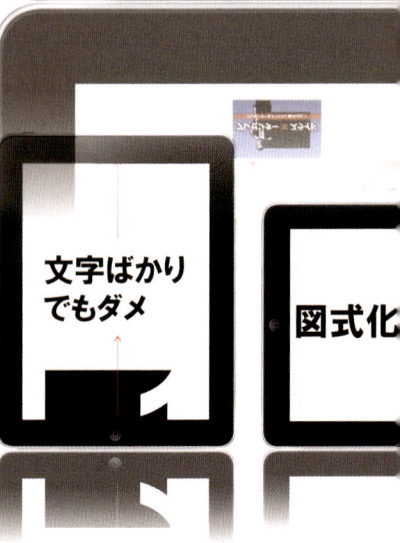

PDF

スライドをつくる

PowerPoint → PDF

PowerPoint2010もしくは2007を使えば、スライドのPDF変換が簡単。iPadの画面に合った4:3サイズのスライドがつくりやすくなります。

画面サイズは大きめに作成

少し大きめのサイズで制作したほうが、写真を用いた場合の拡大表示がキレイになります。

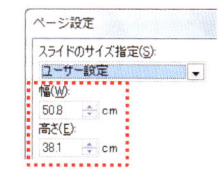

1スライドに要素をちりばめる

1枚のスライド内にプレゼンの要素をちりばめます。理想は、1スライドだけで完結するプレゼン。

各要素は、拡大・縮小することを念頭に、大・小のメリハリをつけて配置します。

02　iPadでプレゼン　　　　　　　　　　　　PDF

移動先への矢印を書き込む

　拡大した際、次の移動先がわかるように、移動をナビゲートする矢印を書き込みます。矢印は移動先までしっかりと伸ばしてください。

4:3画面を基本に移動を考える

　iPadに表示されるのは、常に4:3比率の画面です。静止させた画面が縦横問わず4:3比率で構成されていると、すっきりと見やすい表示になります。

　右のような4:3比率の「枠」を当てはめながら作業すると、各要素の構成を設計しやすくなります。

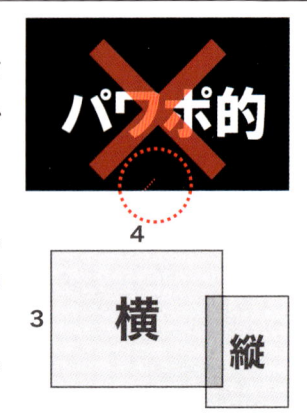

小さな写真は避ける

　サンプルのPDFをご覧いただければ一目瞭然ですが、小さな写真を拡大すると画質が非常に悪くなります。写真はできるだけ大きめに扱いましょう。

プレゼンをする

スクリーン回転ロックスイッチをオン

　キネティックタイポグラフィでは、画面が縦になったり横になったりという手法が用いられます。キネティックプレゼンも同様の見せ方を取り入れましょう。つまり、縦型・横型の表示に合わせて、iPad本体を回転させながら見せるのです。

　その際に、iPadの表示が自動的に回転しないよう、本体側面にある「スクリーン回転ロック」スイッチをオンにしておきましょう。

とにかく練習する

　ピンチアウト/インによる拡大/縮小、そしてフリック/スワイプによる移動。操作はこれだけ。ですが、スムーズに目的の画面を表示させるには、少し慣れが必要です。

　スマートかつアメージングなプレゼンのために、しっかりと練習しましょう。

【参考】オンラインプレゼンソフト『Prezi』　http://prezi.com/

　『Prezi』は、キネティックタイポグラフィ風のプレゼンが作成できるオンラインプレゼンソフトです。最近、急激に導入する人が増えています。確かにおもしろいプレゼンになりますね。サイトではサンプルをたくさん観ることができます。キネティックプレゼンの参考に！（Preziでは「Zooming Presentation」と呼んでいるようです）

Photo / Video

写真／映像

素早く、直感的なプレゼンを！

　iPadにはじめから入っている「写真」「ビデオ」というアプリを使っても、印象的なプレゼンが行えます。写真も映像も、その場に応じたプレゼンを素早く行えるのが特徴です。

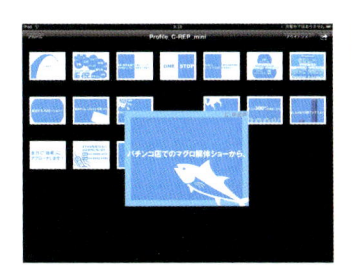

写真によるプレゼン

　「写真」アプリを起動すると、iPadに取り込んだすべての写真もしくはアルバム毎のサムネイル画像が表示されます。サムネイルは非常に精細なため、表示したい写真をすぐに探し出すことが可能です。

　写真はサムネイルをタップすれば全画面表示されますが、サムネイルをピンチアウトで徐々に拡大することも可能です。逆に、全画面表示された写真をピンチインすれば、サムネイル表示に戻すこともできます。

　これはアルバムのサムネイルでも同様で、アルバム内の写真を出したり収めたりが、ピンチアウト／インで可能です。

　この操作の演出は、きわめてプレゼン的と言えます。単にクリックで写真を表示する、というPCとは違い、ビジュアルに"触感"を感じさせてくれます。

02 iPadでプレゼン

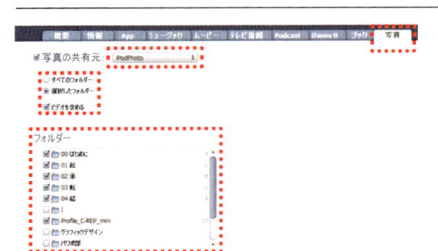

〈写真の転送〉

iPadへの写真転送は、iTunesを介して行います。フォルダ分けしたものが「アルバム」として扱われます。

ここで一つ注意点。

iPadに取り込んだ写真は、ファイル名の順番ではなく、なぜか「撮影日順」に並べ替えられてしまうのです。

この現象を修正するには、写真の撮影日付を変更する必要があります。Windowsの場合、「Neo FileTimeChange」というフリーウェアを使えば、写真の日付を変更してファイル名で並べることができます。

◆ Neo FileTimeChange (フリーウェア) http://njp.la.coocan.jp/

■日付修正前

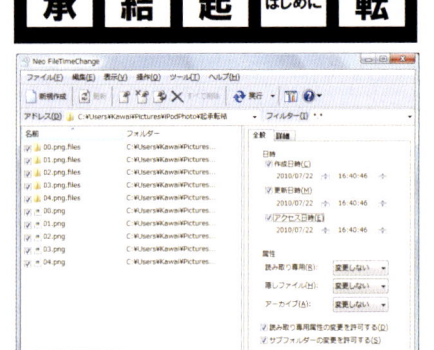

■日付修正後

〈日付の変更方法〉

① 「Neo File Time Change」を起動し、[ファイル]→[フォルダを開く]で写真のフォルダを指定。

② [全般]タブの各種日時設定にチェックを入れ、[実行]で変換開始。

↓ここがポイント！

③写真のフォルダを開き、「○○ Cache」というフォルダを削除する。

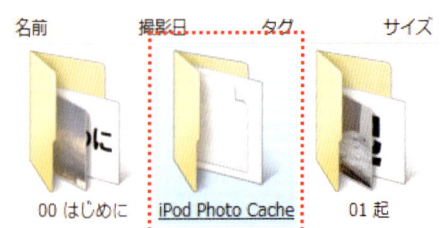

↑「○○ Cache」フォルダを削除

④ iTunesで「同期」を実行すれば完了。

Photo／Video

〈スライドショーの再生〉

　写真は指先でタップ／フリック／スワイプで見せていく以外に、「スライドショー」で見せる、という方法もあります。

　スライドショー再生の場合は、「ミュージック」と「トランジション」が設定できます。

　ミュージック再生をオンにすれば、スライドショーの後ろにBGMを流すことができます。ちょっと音楽をつけるだけで、プレゼンの雰囲気ががらりと変わることもあります。

　工夫次第では、「ナレーション」をつけることも可能です。スライドを切り替える時間はiPadの「設定」で調整できます。このスライド切り替えとタイミングを合わせたナレーションを録音し、iPadに取り込めば、ナレーション入りのスライドショーが実行できます。

　スライドショーでは、トランジションのアニメーションも設定できます。「キューブ」や「波紋」「折紙」など、トリッキーでおもしろい画面切り替えが、プレゼンを魅力的に演出します。

　PowerPointでつくったスライドをJPGやPNGといった画像形式で書き出し、それにナレーションをつけ、トランジションのアニメーションを設定すれば、なかなか見応えのあるプレゼンスライドのできあがり、です。

　なお、スライドショー再生の画面はプロジェクター出力が可能です。写真の設定で「リピート」をオンにしておけば、デジタルフォトフレームのような映像機器として使用することもできます。

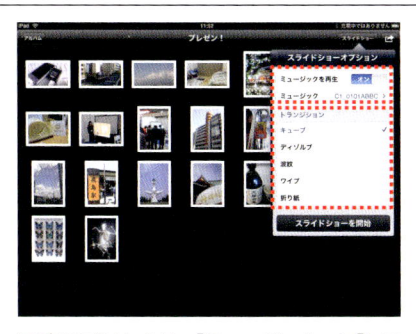

写真アプリからは、「ミュージック」と「トランジション」の設定が可能。スライド送りの時間やリピート／シャッフルの設定は、本体の「設定」アプリから。

iPad内の音楽をBGMとして選べます。

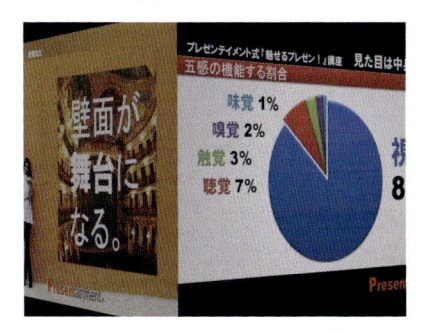

Keynoteのような画面切り替え効果。

02 iPadでプレゼン　　　Photo／Video

「写真」アプリの画面

映像によるプレゼン

映像は「ビデオ」アプリだけでなく、「写真」アプリからも再生できます。プレゼンでの利用には、アルバム（フォルダ）別に管理できる「写真」アプリのほうが使いやすいかもしれません。

〈「写真」アプリの映像再生機能〉

「写真」アプリの映像再生は、使い勝手にも優れています。

まず、画面上部には映像のタイムラインがサムネイル表示されています。表示したいシーンを素早く探すことができます。

画面下部には、他の映像のサムネイルが表示されており、アルバム画面に戻ることなく、別の映像を再生することが可能です。

さらには、映像を「YouTubeにアップロード」する機能もあります。

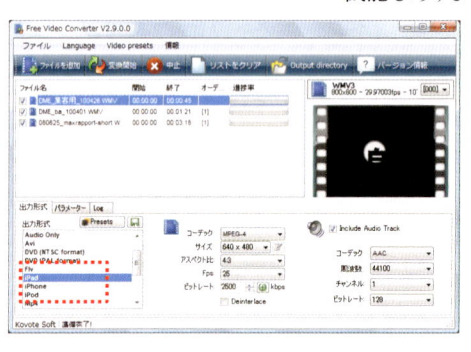

iPad、iPhoneに最適化した映像にワンタッチで変換。

〈映像への変換〉

ビデオカメラやケータイカメラ、デジカメなど、映像は多彩なツールで撮影できるようになりました。が、映像のフォーマットは統一されておらず、管理しにくい状態でもあります。

iPadで再生できる映像の形式は、「m4v、mp4、mov」のいずれか。それ以外の形式の場合はフォーマットを変換する必要があります。

各種映像をiPad用に変換するには、「Free Video Converter」というフリーウェアが非常に便利です。

Free Video Converter
[フリーウェア]
http://www.koyotesoft.com/
提供：Koyote Soft

iPhone／iPod touch

◆ iPhone／iPod touchでプレゼン

　iPhone／iPod touchは、もっとも手軽なプレゼンマシンです。iPadより画面は小さいからと言って気にする必要はありません。大きい・小さいは相手との距離次第。むしろiPhone／iPod touchを使ったプレゼンのほうが、相手のふところに飛び込みやすいかもしれません。

　日常的なプレゼンツールとしてのiPhoneそしてiPod touch。その使い方をいくつか眺めてみましょう。

名刺プレゼン・画像版

名刺プレゼン・映像版

名刺プレゼン

　たまに展示会場で、ピカピカ光る名札を首からぶら下げている人を見かけます。なかなかのインパクトです。思わず話しかけたくなるほどです。そんな驚きとおもしろみを、iPhone／iPod touchでつくってみましょう。

　名づけて、「名刺プレゼン」。

　自己紹介を「写真」として保存すれば、紙の名刺よりも情報量の多い自己アピールができます。映像でつくれば、ユニークな「動く名刺」になります。

　紙の名刺だけでは伝わらないことを、プレゼン形式にしてアピールしてみましょう。

会社プレゼン

　第二章でご紹介した「会社プレゼン」（P57～）。会社の強みを端的に伝えることのできる会社プレゼンを手許に準備しておけば、いつでもどこでも簡単かつインパクトのある会社案内ができます。

02　iPadでプレゼン　　　　　iPhone／iPod touch

PDFプレゼン

　iPadで紹介した「PDFプレゼン」(P168〜)。iPhone／iPod touchでも可能です。

　iPadよりも画面が小さいため、"俯瞰"で見せることはむずかしいですが、PDFなのでピンチアウト(拡大)ができます。

　外部出力に対応しているアプリを使えば、プロジェクターを使ったプレゼンもできます。

YouTubeプレゼン

　映像を使ったプレゼンはわかりやすく印象的ですが、見せたい映像がすべて自分の手許にあるとは限りません。例えば、プレゼンの資料としてYouTubeにアップされている映像をいくつか参照したいとき。そんなときは思い切って、"YouTubeだけでプレゼンを構成してみる"のもおもしろいかもしれません。

　YouTubeの映像なら、プロジェクター出力も可能。使いたい映像は、あらかじめYouTubeに自分のアカウントをつくり、「お気に入り」に登録しておけばいいでしょう。

「**YouTubeでプレゼンをする**」という発想。

03 これからのプレゼン

**「プレゼンの成功は伝えたいことが相手の心に届き、
相手を行動させることである」**

　本書の冒頭(P13)でそう書きました。時代が上がろうが下がろうが、この意味合いは変わりません。相手になにかを提案し、実現する。"プレゼンテーション"という言葉は比較的新しいものですが、その行為自体は古くから連綿と続けられてきました。古代ギリシャの弁論を覗き見た現代人は、それを「プレゼンテーション」という言葉で報告するでしょう(弁論の場合、心に届く、というよりも、レトリックでねじ伏せる、というイメージがありますが)。そして人類が火星に立つようになっても、そこでの計画をPowerPoint20XXでプレゼンしているでしょう。そう、「アイディア、計画、情報を複数の人間に対して同時に伝達する」(Wikipediaより)という行為、すなわちプレゼンは、今後も変わらずあり続けるのです。

　これはプレゼンの言わば"中身"の話。では、"外身"はどうでしょう？

　しばらく眺めてみれば、プレゼンの姿形もさほど変わっていないことに気づきます。昔も今も、基本は口頭でのコミュニケーション。近代になってOHP(オーバーヘッドプロジェクター)が登場し、近年はパソコン+プレゼンテーションソフトを用いることが主流となりましたが、これはスタイルではなく"ツール"が変わったに過ぎません。現代のプレゼンに出くわした古代ギリシャ人は、それを「弁論」と同じ意味の言葉でアテナイに伝えるでしょう。

　では、プレゼンはオウムガイのようにその姿と記憶を維持したまま、未来の海をたゆたうのでしょうか？

　2008年以前なら、答えは「イエス」だったかもしれません。

　2008年。年初に日本発売されたPowerPoint2007ではグラフィック機能が大幅に強化され、多少見栄えのよい企画書が簡単につくれるようになっていました。が、それは単なる道具の進化。人々はやはり、プレゼン力をアップするために、口頭でのコミュニケーションスキルを鍛えていました。世の中のほとんどのプレゼン本が、プレゼンという場でのコミュニケーションを中心に据えているのは、この流れによるものです。

　しかし、2008年7月、「iPhone」が国内販売されてしばらくすると、世の中のコミュニケーションは地殻変動を起こしはじめました。

　最初に聞こえてきたのは、地響きではなく「つぶやき」でした。

2009年の春頃に火がつき、夏には爆発した「Twitter」ブーム。iPhoneとの親和性も相俟って、短い言葉でのコミュニケーションはパソコンの前から解き放たれました。そこでは、特定の知り合いではなく、「不特定多数（見知らぬ人含む）」とのコミュニケーションが展開されました。それはこれまでとは趣を異にしたコミュニケーションでした。

　その頃、街には、電子看板──すなわち「デジタルサイネージ」がすでにあふれはじめていました。ネットワークを通じてアプローチしてくるインタラクティブかつビジュアルなコミュニケーションがTwitterでも多くつぶやかれるようになり、その存在が広く認知されていきました。

　また同時期にはiPhoneアプリの「セカイカメラ」が登場し、AR（仮想現実）という魔法のようなビジュアルコミュニケーションを差し出してきました。映像はただ受け取るものではなく、こちらから関わり、交わるものになってきました。

　そんなときに突如現れたのが、「USTREAM」。オリジナルの映像番組をiPhone一つで、世界中に向けて"放送"できるというのです。2010年2月の東京マラソンでは、ランナーその人がiPhoneを使い、走っている様子をUSTREAMで映像配信、さらにTwitterでつぶやく、ということが話題になりました。このチャレンジをリアルタイムに広めたのは、テレビやラジオではなく、もちろんTwitterです。

　そして2010年5月、「iPad」が日本で発売されました。「iPod touchのでかい版」と形容されるように、大きくなったのはその"画面"でした。

　以上、「身近になったプレゼン」（P152）でも述べた内容を少し詳しく眺めてみました。2008年以降、人々のコミュニケーションは急激に、しかも大きく変わってきたのです。その変化をまとめるとこうなります。

- **ビジュアルを利用したコミュニケーションが急速に一般化した**
- **情報の受け手は情報の発信者（それも迅速・広域な）になった**
- **情報があふれている状態が恒常的になった**

　では本題です。2008年以降のコミュニケーションの変化は、プレゼンにどのような影響を与えるのでしょうか？　それはずばり、

プレゼンの陳腐化。

　いまやプレゼンは、かつてのような"特別な場"ではありません。だれもが日常的にプレゼンを行っているような時代。しかもそれはビジュアルを活用したコミュニケーションです。不特定多数の人の考え方に触れ、刺激的なビジュアルコミュニケーションに慣れてしまった人々は、形式的なPowerPointスライドと説得目的のトークだけでは、もはや行動しなくなるのです。

さあ、たいへんです。

人類史上初めて、プレゼンが時代遅れになる

という危機に直面したのです。未来を提案するプレゼンが「時代遅れ」になる……。

　この状況をプレゼン界も気づかなかったわけではありません。2009年9月に『プレゼンテーション zen』の日本版が発売された際は、いま巻き起こりつつあるプレゼンのストリームに気づいた敏感な人たちもいました。彼らが慌てて説きはじめたのは、まさに

プレゼンのビジュアル化

　でした。過多の情報にさらされている人々にアプローチし、さらにはこちらが発信した提案を伝わりやすく受信してもらうためには、端的で印象的な——すなわち視覚的なインパクトが欠かせなくなるのです。

　トーク中心のプレゼンからビジュアルを活用したプレゼンへ。それがこれからのプレゼンの流れになります。これは、トークを中心としたプレゼンスキルを不要にするものではありません。プレゼンスキルと同様に、これまで余興とみなされていたビジュアルなコミュニケーションも不可欠になってきた、ということなのです。

　さて、これからのプレゼン。そこでは視覚要素が重視されると同時に、

プレゼンのエンターテイメント化

も進んでいくでしょう。それは日常化したプレゼンを"特別化"させる試みです。その特別な場をつくり、共有することも、プレゼンに欠かせない要素となるでしょう。
　プレゼンターではなく「登場人物」による演劇的なプレゼン。単独のプレゼンターではなく、2人の掛け合いで進行するプレゼン。P131で取り上げたような、スライドとプレゼンターが融合したプレゼン。TwitterとUSTREAMを使ったインタラクティブなプレゼン。話し手と聴き手という関係ではなく、共に"体験"することで訴求するプレゼン。そして、大きな仕掛けはなくても、ちょっとしたおもしろみを感じてもらえるプレゼン。プレゼンは魅力的なイベントへと進化していきます。
　これからも変わらない目的のために、その姿を大胆に変えていく。プレゼンはやはりこれからも、"注目"されるべき存在であり続けるでしょう。

参考ウェブサイト

「見た目」のつくり方を鍛えるには、自らが「見て驚く」ことが大切。さまざまなプレゼンスライドや映像表現に触れることで、あなたの"見た目力"をアップしてください!

スライド関係

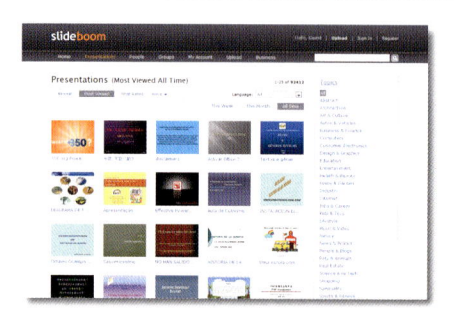

slideboom
http://www.slideboom.com/

世界各国のプレゼンスライドをアニメーション付きで閲覧できます。「Most Viewed」を選べば、よく観られているスライドが選べます。

slideshare
http://www.slideshare.net/

ウェブ上でPowerPoint & Keynoteのスライドを共有できるサービス。ユーザー登録(無料)すれば、なんとファイルのダウンロードもできます。

authorSTREAM
http://www.authorstream.com/

こちらもPowerPointスライドの共有サイト。PowerPointファイルや動画化されたスライドをダウンロードすることもできます。

PowerShow.com
http://powershow.com/

まだまだあります、PowerPointプレゼンテーションの共有サイト。キレイな写真を使った作品が数多くアップされています。

デザイン関係

note & point
http://noteandpoint.com/

Keynote、PDF、PowerPoint でつくられた、デザイン性の高いスライドが数多くアップされています。『プレゼンテーション zen』的なサイト。

fubiz
http://www.fubiz.net/

海外のさまざまなクリエイティブが集められたサイト。広告や建築、アート、ファッション、映像など、ジャンルを問わない幅広さが魅力です。

プレゼン関係

PechaKucha 20×20
http://www.pecha-kucha.org/

『プレゼンテーション zen』でも紹介されていた「PechaKucha」。20 秒× 20 スライドというプレゼンスタイルは、逆に発表者それぞれの個性を引き出してくれます。
プレゼンを気軽に身近なものにしてくれる、ステキなイベントです。

映像関係

YouTube
http://www.youtube.com/

映像表現なら、やはり YouTube。常に新しい表現をここで検索しています。ちなみに私がよく検索するキーワードは、presentation、kinetic typography、motion graphics、projection、PowerPoint など。

参考文献

　本書の執筆にあたり参考にした……というよりも、本書で展開しているスライドプレゼンのスタイルに影響を与えた本をご紹介します。

プレゼンテーション zen
[著] ガー・レイノルズ　　[出版社] ピアソンエデュケーション

おこがましい話ですが、この本は参考文献というよりも、「私が思っていることが書いてある」という位置づけなのです。はじめて読んだときは、まさに「やられた!」と思いました。続編の『プレゼンテーションzenデザイン』は拙著の執筆中に発売されましたが、やっぱりやられていました。私がやっていることとアプローチはかなり異なりますが、心意気は同じだと思っています。

論理的にプレゼンする技術
[著] 平林 純　　[出版社] ソフトバンククリエイティブ

この本のP22、『「なんだかおもしろい!」と聴き手に感じさせよう』を読んだときは、まさに目からウロコ。この「なんだかおもしろい」について語ったプレゼン本は他にないでしょう。そしてこの本自体、マンガが添えてあって「なんだかおもしろい」のです。そのうえで、説得力のある情報満載。まさに名著。必携です!

デザインする技術　～よりよいデザインのための基礎知識～
[著] 矢野りん　　[出版社] MdN

デザイナーでなくともデザインの能力が求められる時代。スライド制作に携わるものとしては、デザインの基本ぐらいは押さえておきたいものです。この本は、「素人のデザイン」本のなかでも非常にわかりやすい一冊。P146で取り上げている「ジャンプ率」という考え方を知ったのもこの本です。

アイデアのちから
[著] チップ・ハース、ダン・ハース　　[出版社] 日経BP社

シンプルである。意外性がある。具体的である。信頼がおける。感情に訴える。物語性がある。……プレゼンに求められる内容もまさしくこのとおり。常にこの6項目を念頭に置いておけば、魅力的なプレゼンを企画・構成できることでしょう。

あとがき

　プレゼンの流れが変わろうとしています。

　いわゆる"パワポ的"なプレゼン（スライドは箇条書きと小さな文字で埋め尽くされ、ときに意味不明なアニメーション効果で聴衆を惑わせる）の害悪が露見し、長らく慣習的に行われてきたパワポ的プレゼンが一気に凋落。その帝国的牙城を突き崩したのは、『プレゼンテーション Zen』によるシンプルで美しいプレゼンの啓蒙、YouTubeとクチコミで拡大したスティーブ・ジョブズの"神"プレゼン、そして、iPadの発売で一気に認知されたKeynoteへの支持、などなど。

「スライドはシンプル・イズ・ベスト。
**　デザインは凝りすぎず、アニメーションはできるだけ使わないように」**

　これがプレゼンスライドのトレンドです。スライドに表示されているのは、キーワード一つ。あるいはビジュアル一発。Keynoteで上品にデザインされています。きわめてシンプル、しかしインパクトもあります。プレゼンのお手本はもちろんジョブズ。彼のプレゼンを分析した『スティーブ・ジョブズ 驚異のプレゼン』もベストセラーになりました。黒のタートルネックにジーンズも売れることでしょう。（マネをするのは自殺行為とされていますが）

凝り固まっていたプレゼンの世界に、革新の気運が胎動しています。
すばらしい。Amazing。まったくもって大歓迎。

　……**なのですが、**この流れが単に「パワポはBad。キーノートはGood」というだけの展開に落ち着いてしまってはもったいない。そして大きな変化が、また小さく凝固してしまっては元も子もありません。

　せっかくはじまったおもしろい変化。ここは一気に、**プレゼンを自由な表現の世界へと解き放ちましょう。**そう、**"スタイルからの解放"**です。スタイルありきのプレゼンではなく、あくまでも「伝えたいことを伝えるためのプレゼン」に。

　そのためには、伝わりやすくするための「表現手法」を身につけ、また、新たに生み出すことが大切です。

表現。すなわち、見せ方の提案。これが本書の目的の一つです。

「こんなふうに見せたい！」
「どんな見せ方が伝わるだろう？」

　プレゼンスライドの制作工程は、このような模索で成り立っています。ジョブズ風

プレゼンや高橋メソッド、もんたメソッドというプレゼンスタイルは、あくまでもこの願望と探求心に応えるための表現手法であり、選択肢の一つです。**表現手法をたくさん知っていれば、より伝わりやすい見せ方を選択することができます。**

　表現手法を知り、開発することで、プレゼンの規制は解除されます。単に「箇条書きはダメ」と決めてしまうのではなく、見せ方によっては、箇条書きで見せたほうが伝わりやすくなるかもしれません。また、静止したビジュアルよりも、アニメーションで動きをつけたビジュアルのほうがイメージが湧きやすいこともあります。

　スタイルに合わせるのではなく、効果を考えること。オーディエンスにどのように伝わるか？　そこにアプローチするのが「表現」に他なりません。そう、あくまでもその表現はオーディエンスのためのもの。独りよがりで自己満足の表現ではプレゼンテーションにならないのです。**見せ方＝見え方を考えることは、オーディエンスに向き合ったプレゼンをつくること**にもなります。

　本書は「**だれにでもできるプレゼン**」を標榜するものでもあります。つまり、プレゼンが苦手な人でも、しっかりと伝わりやすいプレゼンができるようになること。

　実は私自身、プレゼンがとっても苦手なのです。プレゼン以前に、人前に出てなにかをする、ということがもうダメ。いわゆる"あがり症"なのです。大勢の前で話すだなんて滅相もない。とてもとてもジョブズにはなれません。

　しかしよくよく辺りを眺めてみると、**世の中の大多数は「プレゼンが苦手」「人前で話すのが苦手」「伝え下手」な人**であることに気づきます。私だけが特別ではないのです。

　そんな私が、意外にも人前でしゃべれたりするわけです。先日も、『見た目は中身だ！　スライドプレゼン 実践講座』という講習会で講師を務めました。1時間ほど一人で話すのですが、さほど緊張することもなく、無事終了できました。

　なぜか？　それは、**プレゼンをナビゲートしてくれるPowerPointスライドを準備していた**から。スライドに導かれるままに操作し、説明すれば、一通りのプレゼンができてしまうのです。

　スライドを心強いナビゲーターにすることは、さほどむずかしくもありませんし、時間のかかることでもありません。**見せ方を考えながらスライドを制作していくことによって、リアルなプレゼンが自ずと組み立てられていく**からです。オーディエンスを意識し、一つひとつの表現を本番をイメージしながらスライドをつくっていくことで、表示の順番も強調する箇所も決まってきます。これは、**スライド制作と同時に、何度もプレゼンのリハーサルをしているようなもの**です。スライドをつくりながら、見せ方や話す内容、間合いまでを体得することになるのです。

　かのスティーブ・ジョブズは、プレゼンのリハーサルを念入りに行うそうです。本

書が提案するのは、同様のリハーサルを「スライド制作」に組み込むこと。スライド制作にかける"ひと手間"には、リハーサルが含まれているのです。

さて、プレゼン本番をイメージし、表現にこだわってつくられたスライドは、プレゼンに安心感をもたらしてくれます。その安心感は恐怖と緊張をほんの少し緩和し、あなたに深呼吸を思い出させるくらいのゆとりを与えてくれるでしょう。肩の力を抜いてプレゼンに臨むあなたは、意外にも饒舌かもしれません。

安心してプレゼンができること。

その状態に身を置いてこそ、本来の実力を発揮できるのではないでしょうか。プレゼンでもっとも大切な「情熱」も、きっと伝わりやすくなるでしょう。

長々と語りましたが、最後に一つ。

なんだかんだ言って、観る人が身を乗り出してくれるスライドをつくるのは、

単純に面白い、

ということも付け加えておきましょう。（本当はこれがメインテーマかもしれません）

調子に乗ってしゃべりすぎてしまいました。結局人は、強くオススメしたいことは熱く語れてしまうのです。プレゼンの内容も、心からオススメしたいことであれば幸いです。

早いもので、本書の初版が刊行されてから、まる4年が経ちました。その間、世の中はそれなりに変化し、そして当時予見していたとおり、プレゼンテーションに対する意識は大きく高まってきました。

しかし、スライドプレゼンテーションが大きく変化したかといえば、答えは「No」。いまだ旧態依然としたスライドが大半です。プレゼンテーションの重要性は認識しつつも、まだその先の一歩が踏み出せない人が多いのでしょう。

ですがみなさん、ご安心ください。プレゼンにルールなどありません。伝えたいことが相手に伝わり、相手に行動してもらえたら、それは立派なプレゼン。みなさんがもっと"カジュアル"にプレゼンをすれば、世界はステキなものに変わっていきます。「このアイデアを伝えたい」と思ったら、ぜひ、「面白いプレゼン」を考え、実行してみてください。自分が面白いと思うことを、相手も面白いと思うように工夫してみてください。

本書は、私からのプレゼンテーション。あなたが行動してくれれば、プレゼンは大成功です。

2014年10月10日
河合浩之

プレゼンは「心を動かす」
コミュニケーションの時代へ

すごプレ

発行日 ……… 2010年10月30日　第1刷発行
　　　　　　 2014年12月17日　第3刷発行

著　者 ……… 河合浩之
装　丁 ……… 宇那木孝俊

編集人
発行人 ……… 阿蘇品　蔵

発行所 ……… 株式会社 青志社
　　　　　　 〒107-0052
　　　　　　 東京都港区赤坂6-2-14 レオ赤坂ビル4F
　　　　　　 (編集・営業) TEL : 03-5574-8511
　　　　　　　　　　　　 FAX : 03-5574-8512
　　　　　　　　　　　http://www.seishisha.co.jp/

印　刷 ……… 新灯印刷株式会社
製　本 ……… 東京美術紙工協業組合

©2010 Kawai Hiroyuki Printed in Japan
ISBN978-4-905042-05-1 C2034

本書の一部、あるいは全部を無断で複製複写することは、著作権法上の例外を除き、
禁じられています。落丁・乱丁がございましたらお手数ですが小社までお送り下さい。
送料小社負担でお取替致します。